天地悠悠

葉霞翟◎著

天地悠悠，滄海茫茫，
三十年歲月，只是一夢！

《天地悠悠》是妻子追念丈夫的回憶錄，
千言萬語，有血有淚。

三版序

愛、奉獻、大丈夫——再續《天地悠悠》

◎高希均（遠見．天下文化教育基金會董事長）

（一）

二十世紀前半葉的中國，從北伐、抗日、反共到遷台，就不幸地一直陷於動亂之中。

我自己在抗戰前一年出生在南京，次年七月七日日本軍閥發動蘆溝橋事變，蔣委員長正式宣布全面對日本抗戰。同年十二月發生南京大屠殺，三十萬男女老少死於日軍慘絕人寰的刀槍下。

對全國軍民，尤其熱血青年，那是一個苦難的大時代。他們的吶喊是：「國家興亡、匹夫有責」；「十萬青年十萬軍、一寸山河一寸血」。就在那個生死存亡的年代，國家有戰亂，國家就會出現名將；社會需要發展，社會就會出現教育家。《天地悠悠》這本具有歷史性與啟發性、理性與感性的重要著作，正是記述了抗日名將胡宗南將軍的英勇事蹟，與夫人葉霞翟博士（筆名葉蘋）對師範教育與家政學科的貢獻。

作者葉博士的這本文集，輯一收錄了七篇文章，輯二收錄了六篇文章。主題就是環繞著二位在戰亂中堅貞的愛情，以及胡將軍無私無我，為國忘家，以及自己投身教育的終身奉獻。

（二）

當我讀到葉女士赴美深造的故事，備受感動。她於一九三九年八月，去喬治華盛頓修政治學，獲得學士學位後，再於一九四一年六月轉赴威斯康辛大學（麥迪遜校區），三年後的春天，通過七位教授的嚴格口試，取得了政治學博士，然後就返國，任教於大後方的光華（四川）大學，投入教育界。

二十年後，我於一九六四年赴威斯康辛大學另一校區（River Falls）的經濟系執教。威州思想開放，民風樸實，風景優美。小丘、牧地與小湖林立，秋天楓葉遍野，冬天白雪蓋地。從十一月到次年三月有近半年天氣奇冷，像東北的哈爾濱，冰天雪地、寒風刺骨；葉女士生於魚米之鄉的江南，沒有堅強的意志力，不易適應。

胡將軍與葉女士「匈奴未滅，何以家為」，二人相戀逾十年，但等到一九四七年春才結婚。

我無緣見過胡將軍，但見過葉校長（與葉教授），對她在教育方面的論述十分欽佩。我與他們的長子胡為真博士則是三十年的朋友。他攻讀外交，我習經濟，在台灣對外的困境中，兩者常有交集。

為真在《百年仰望》（天下文化，二〇一一年）一書中所撰述之「仁恕存心、為國忘家的軍人魂——胡宗南」，我才更了解胡將軍之無私無我，犧牲奉獻。他對父親的總結是：「在中華民國建國百年歲月裡，父親將自己貢獻給國軍近四十年，他的人格感召及影響可謂歷久彌新。他一生為國忘家、無私無我、犧牲奉獻的精神，功成不居、受謗不辯的胸懷，以及強烈的民族情感，逆境中仍不屈不撓的奮鬥意志，適足為時代長遠之典藏，而永為後人追思。」

為真追憶十歲時，父親問他要做什麼？他說：「我要像您一樣，作個軍人。」父親卻以堅定的口吻說：「你要作大丈夫，真正對人們有貢獻的人就是大丈夫。」

儘管十四歲時為真就失去了父親，國家同時也失去了一位名將，但為真在事業上的成就，足以證明他是一位大丈夫，也是一位君子。在國內外擔任的外交崗位上（如華府、芝加哥、南非、德國、新加坡），以及在國家安全的重要職務上，為真的表現與貢獻以及家庭的美滿足可告慰雙親。

三十年前就曾經讀過《天地悠悠》，近月再細讀一遍，想到過去胡為真博士雙親的愛與奉獻，再對照當前台灣，更對大時代中的名將與教育家，所做出的貢獻讚嘆不已！

名將的犧牲是為了國家的生存。
教育家的貢獻是為了下一代的子孫。
大丈夫的做為是為了社會的進步。
這是當代年輕人應當要讀的一本好書。

前言

愛、信任、不畏艱難

◎胡為真（總統府資政）

這本書所記載的，全部都是真實的故事和感想。雖然隨著時間的逝去，故事中的人、事、物離我們日遠，但故事的精神，仍然歷久彌新；故事所表達的情感，仍然動人心弦。

本書的作者：我摯愛的母親——葉霞翟女士，藉著敘述她與夫婿胡宗南將軍的愛情故事，把近代民國的發展，把台灣奮鬥的精神，都用樸實細膩的筆調，生動的表達了出來；而且從字裡行間，自然而然的傳達了人間極為珍貴的價值，那就是真誠的愛，長久的信任，以及不畏艱難的努力。

葉女士本人是散文家，更是教育家，她除了曾執教於大陸上的光華大學和金陵大學外，在台灣曾接受張其昀先生的邀請，共同創辦中國文化大學，擔任過訓導長、副院長、家政研究所所長，作育英才無數；甚至後來在病榻上，仍力疾批改家政研究所學生的碩士論文；民國五、六〇年代，她並出任台北師專（今國立台北教育大學）校長達十三年之久，推動我國的師範教育及啟智教育，不遺餘力，全心全意為學生付出；她對教育的投入，迄今仍為人樂道與懷念。今承幼獅公司重印葉女士著作中的代表作《天地悠悠》，而且選在教師節前夕出刊，一方面是為了向年輕一代介紹歷史的真相，而有社會教育的意義，一方面則是紀念葉女士本人在教育界的貢獻。

本書的輯一是葉女士與胡將軍自戀愛至胡將軍去世的回憶，輯二是她對胡將軍思念的各項文字。為了出新版，幼獅公司的王總經理及劉總編輯都十分的費心，我謹在此向他們致謝。另外，輯二中相關的短文〈梅林花開〉以及附錄和〈要作大丈夫〉兩文，原來均刊載於其他出版品中，現在都蒙原出版者的同意，一併列入此一新版，我也表示感謝。

我深信這本書的再版，對於海內外新一代的廣大讀者，必定是件及時而有益的禮物。

目錄

三版序／愛、奉獻、大丈夫——再續《天地悠悠》◎高希均 4
前言／愛、信任、不畏艱難◎胡為真 8

輯一

一張照片 14
萬卷詩書 37
黎明前後 69
甘苦之間 99
再接再厲 131
求學問道 157
天地悠悠 179

輯二

結婚十周年 206
傾訴 216

茫茫一百日 224
去年中秋夜 232
大將軍的小故事 239
梅林花開 256

輯三
天地悠悠此生綿綿 262

附錄
·一部有血有淚的傳記／張其昀 272
·文學是人類精神糧食／陳紀瀅 274
·讀《天地悠悠》／馬星野 276
·寫在《天地悠悠》出版前／穆中南 280
·要作大丈夫——先父胡宗南將軍逝世三十周年紀念／胡為真 286
·三分之一——先父胡宗南先生逝世四十周年感言／胡為真 295
·醉美三峽——思念母親／胡為美 298

輯一

一張照片

一切都是從一張照片開始。

那是民國十九年，我才十六歲。那年夏天，我考取了浙江大學農學院附設的高中——農高。和我一同考取的女同學一共只有四人，小姜、小朱、小江和我。我和小江是在入學考試時就認識了的。因為投考的女同學很少，我們又恰好在同一試場，註冊以後，我們要求編在同一寢室，自然而然的就成為好朋友了。小江是寧波人，父母仍住在家鄉，她的大哥是黃埔四期的，那時在杭州保安司令部作大隊長，家住在杭州清波門。小江每個星期六都回家，有時也約我一同去。她的嫂嫂是典型的賢妻良母，子女眾多，會做一手好菜。她對我也像待自己的妹妹一般，所以很快的我就拿他們的家當自己的家了。

一個星期天的早晨，我和小江正在房裡看小說，忽然聽見一個粗重的男人聲音在窗外間：「你們看什麼書？」我抬頭一看，窗外正站著一個又高又大的男人，三十光景的年

齡，黃黃的長方臉，高鼻子厚嘴脣，兩眼大而有神。「看小說！」小江頭都沒抬的回答了一聲，顯然這位是他家的熟朋友。我覺得小江這樣好像不太禮貌，就對他笑了一下作為招呼，於是他問我看什麼小說。我正在看托爾斯泰的《戰爭與和平》，就把書向他揚了一揚，他問我是不是喜歡看翻譯小說，我告訴他什麼小說都看。事實上我正熱中於小說，尤其是許多俄國小說如《罪與罰》，《安娜．克里寧娜》等都看了好幾遍。於是他告訴我如果我們喜歡看小說他可以借給我們看，他那裡什麼都有。原來他是小江大哥的同期同學，那時卻在杭州《民國日報》任總編輯，一個報館的總編輯家裡，當然有很多書的。小江聽他說要借書給我們看，興趣也來了，放下手裡的書，加入和他聊天。

果然，這次以後他每次來江家都給我們帶書來，慢慢的我也和他混熟了。他姓胡，我們叫他胡大哥，因為他的皮膚特別黑，我們又給他取了個綽號「老黑」。我們幾乎每星期都要看兩、三部小說，日子久了，他也記不清那些書是我們看過的，那些是沒有看過的，有一次就提議最好我們自己去他家挑。那個周末，我們從筧橋進城，就叫了一輛黃包車直接從車站到他家裡。

他有一個並不算大的書房，三面都是書架，只有靠右的一頭有一空處，擺著一張大書桌，上面牆上掛著一張照片，我一走進去，還沒有開始看書架上的書，就給那張照片吸引住了。那是一個青年軍官的照片，只見他身上穿著整齊的布軍裝，腿上打著綁腿，腰間束著皮帶，姿勢優美而英挺，那鑲著青天白日軍徽的軍帽下是一張極為英俊的臉，濃黑的眉毛，炯炯發光的眼睛，鼻梁高而挺，嘴唇緊閉但線條柔和而帶笑意，站在那裡整個人是那麼的生動有神。我對著它呆呆的看著，竟忘記去找書了。站在我後面的主人，看我對那照片看得那麼出神，就笑著問我說：

「你認得他嗎？」

「不，不認得。」

給他這一問，我猛然覺察到自己的失態，滿臉緋紅，期期艾艾的竟有點答不上話來了。他倒不介意我的窘態，接下去說：「他是大大有名的胡師長，你們這些小姑娘不知道他，前方的軍人可沒有一個不知道的。你看過很多舊小說，總知道趙子龍、薛仁貴這些勇將吧？他在革命軍人中就被認為是這等人物。」

「報上有他的名字嗎？」

「怎麼沒有，你們看報只知道看副刊，看社會新聞，從不看國家大事，才不知道他呢！」

「你說他是師長，他看起來可很年輕呀！」

「自然年輕，他還只三十歲呢，他的升級不是一步一步升，是跳著升的。你知道，這幾年人家對國家立了多少功勞？」

「你好像對他很清楚似的，他是你的好朋友嗎？」

「自然是，不是好朋友他還會送我照片？你知道他是很少拿照片送人的。」

他顯然很興奮，也很快慰，大約他對這位胡師長確很佩服，現在看我這小姑娘對他有興趣，想趁此機會為他宣傳一番，我呢，心裡也確是對照片中人很是欽羨，我想他真是了不起的人物，這麼年輕就做了師長，聽說作師長要帶好幾千兵，夠神氣的。記得我們家鄉有一位孟明叔，是北伐軍的團長，勇敢善戰，北伐時屢建奇功，三年前他帶著太太回鄉省親，縣長發動了全省仕紳，地方團隊和兩所縣小的學生，在北門十里路外列隊相迎，說是接革命軍，我們女子小學的校長，那位胖胖的張師母，還替孟明嬸打著傘，陪著一同經過歡迎行列，她那圓圓的臉上，充分的表露出：我也有榮焉的笑意，假如這位胡師長也到我們家鄉去走一趟，縣長不知道要忙成怎麼個樣兒啦，於是我又對胡大哥提出許多問題，問他這位胡師長是什麼地方人，什麼出身……。他告訴我，他是浙江人，和我們是大同鄉，黃埔軍校第一期的高材生，剛一畢業就參加革命作戰，追隨　蔣總司令東征北伐經過了不少的戰役，因為他作戰勇敢而又很有智謀，每次作戰都得勝利，人家稱他「常勝將軍」。他剛從軍校畢業時，被分發在教導第一團何應欽將軍部下充任見習官代理重機槍班長，在棉湖之役，他以重機槍班長的身分，帶著一班人，扛著機關槍，一路前衝，衝破敵人一個陣地又一個陣地，把敵人殺得七零八落，紛紛棄槍而逃，這次戰役之後，他馬上升為上尉，接著參加北伐，一路打來，戰無不勝，攻無不克，打到上海他已升為第一師第二團團長，他帶著一團兵由閔行偷渡黃埔江，占領了莘莊、龍華，和上海兵工廠，進而光復上海，把青天白日滿地紅的國旗插遍全市，當他進入上海的那一天，集合全團官長，隨帶武裝衛士，乘坐敞篷汽車，直入法大馬路、愛多亞路、跑馬廳、南京路等熱鬧街道，繞行大上海一周，所經過的地方，人潮洶湧，民眾夾道歡呼，本來這些地方都是租界，我們自己的軍隊是不能進入的，他這一次以不可一世的聲勢，陣容堂堂，威風凜凜的長驅而入，租界巡捕，看到這威武的情景也不敢出來阻擾了。這次不但替上海的百萬居民出了一口氣，更為中華民族爭了一口氣，從此國民革命軍威震中外，全世界的人對我們都另眼看待了。

他愈說愈起勁，我愈聽愈入神，那天回家以後，一直想著那張照片上的人，以及關於他的種種故事，心裡想：假如他是我的哥哥多好。記得那次孟明叔回鄉後來看父親，父親曾拍著他的肩膀說：「孟明，桑梓以有你這樣的子弟為榮，我們老大將來大學畢業以後，我要把他送到你那裡去磨練磨練，俾便能為國家盡點力。」現在大哥快要大學畢業了，可是他是學經濟的，那裡能舉寶刀以衛社稷呢？真盼望有機會能見到這位胡師長，看看他到底是怎樣個英勇樣子。

從那次以後，我常常慫恿著小江和我去胡大哥那裡借書，順便看看那張照片，有機會就請他再講些胡師長的故事。同時也開始注意報紙上的國家大事，國內要聞。果然，「天下無難事，只怕有心人」，我不但常常會從報紙上發現胡師長的名字，也聽到許多人的口中談到他的種種傳奇故事了。他們說他不但會打仗，更會帶兵，他對士兵就像對自己親兄弟一般，士兵吃什麼他吃什麼，士兵穿什麼他穿什麼。行軍的時候，每到一地，士兵未入營休息他自己決不進入帳篷，士兵未吃飽他自己決不拿起飯碗的。所以他的士兵個個都十分敬愛他，能為他用命。他天生強健的體格，日行百里不覺疲勞，他雖然有馬但從來不騎，只是讓衛士牽著走，因為他不騎馬，他以下的軍官當然不好意思騎了。所以他部隊裡的馬養得特別肥。他們又說，他對士兵雖極愛護，但治軍極嚴，他的軍隊所到之處，絕對不容許有任何擾民之舉，在地方上紮營，不許對百姓占任何便宜，拔營的時候總要士兵把住過的地方打掃得乾乾淨淨，自己親自檢查，臨行時再問老百姓，他們有什麼東西被損壞沒有，如有，一定照價加倍賠償。行軍途中，如需要食用農民田裡的蔬菜瓜果，採用後一定要把錢包好放在原地。據說有一次士兵行軍太急錯過大鎮，路上買不到足夠的蔬菜，採了老百姓一畦白菜，他叫人包了二十塊大洋放在菜田上，第二天早上那白菜主人發現了，大大過意不去，因為那時候一擔白菜只值一塊大洋，一畦白菜頂多只有一擔，怎麼要這麼多錢，於是急忙追去，但他們行軍很快，已經走出五十多里，那農民趕到深夜才到達他們宿營的地方，把剩下的十九元還他，他深感這位農民的善良，好好的招待了他一番，再派快馬送他回家。由於他種種愛民、敬民的舉動，使得老百姓對他都很愛戴，大家叫他「胡青天」，只要是他的軍隊過境沒有不竭誠歡迎的。據說當革命軍北伐之初有「十不怕」的口號，就是：「不怕死、不怕險、不怕饑、不怕窮、不怕遠、不怕疲、不怕苦、不怕痛、不怕硬、不怕凍」，這位胡師長十項都做到了。

由於種種的傳聞，使我對他的印象愈來愈深，仰慕之心也愈來愈切，總希望有機會能見到他。可是，直到我高中畢業，都沒有遇到這個機會。

畢業以後我去上海念大學，大學生的生活是自由活潑的，特別是像我這樣比較喜歡課外活動的人，和男同學接觸的機會更多，但是，誰也沒有使我動心，人家說姻緣是前世注定的，也許月下老人的紅線已經把我和他連在一起了。

在我念大三的那年春天，我和綺嫂去杭州探親，一天早上，我去老師那裡，他正在樓上處理要公，叫我在樓下客廳等一下，客廳外面是個大花園，那正是百花吐豔的時候，我就倚在窗邊欣賞著園裡的景色。過了不久，聽見後面響起了腳步聲，以為是老師下來了，回頭一看，進來的卻是個陌生人，他穿著深灰色的嗶嘰中山裝，中等身材，方臉寬額，濃眉大眼，鼻梁很直，嘴形很美，面色白裡透紅，下巴青青一片，顯然是剛修過臉的。當我和他的眼光一接觸時，就像一道閃光射進我的心裡，立刻感到臉紅耳赤，心頭亂跳，同時也想到這個人好像是什麼地方看見過的，到底是誰卻想不起來了。為了掩飾我的窘態，只好又回過頭去繼續向窗外望看。他呢，既沒有退出去也沒有坐下，好像馬上就繞著客廳裡的那長方桌開始踱起方步來了。又過了好一會，當我等得有點不耐煩的時候，又有腳步聲到客廳門口，我以為這一次一定是老師了，連忙轉過身來。進來的卻是王副官。他對他笑笑，然後很恭敬地對那位客人說：「軍長，先生請你上樓去。」

「唔，好！」他口裡應著，腳步已跨出客廳，只聽見幾步樓梯聲就寂然了，我想他走樓梯一定不是一步步走上去而是越級跳上去的。他出去之後，我已無心再看風景，隨便在門邊一張沙發上坐下，感到心慌意亂地真想跑掉了。

隨後，老師終於下來了，剛才那位客人也跟在他的後面。他一進來就很高興的對我說：

「你來得正好，我給你介紹一位朋友，」然後指著那位已經站在他旁邊的客人說：「這位是胡軍長。」又看著他指指我說：「這位是葉小姐。」

等大家坐下來後，他問了我一些學校的情形以及我來杭州的事，又告訴我他中午就要去南京，因為那邊打電報來有要緊的事要他當天趕去。最後他對我說：「這位胡軍長是我的好朋友，他的學問好得很，你可以多多的請教他。」然後又對胡軍長說：「大哥，我還要上去理一下東西，你們談談吧。」說著，沒等他作任何表示就匆匆的跑出去了。

客廳裡只剩了我們兩個人，這時我已經知道來客是誰了，這幾年來原來他已從師長升到軍長，他的樣子有些像那張照片，有些不像，時間相隔七、八年，人的樣子是會變的。我覺得他的人比照片更有精神。七、八年來我一直想著他，想認識他，如今，我們終於面對面了，我將對他說什麼好呢。我能告訴他，他是我夢裡的英雄嗎？我能對他表示我私心的渴慕嗎？畢竟我已不再是一個十六歲的小姑娘而是一個二十多歲的大學生了呵。我臉紅心跳，手足無措，不知如何是好。幸虧他倒很能掌握情況，老師一走，他就馬上移坐到離我較近的一張椅子上來，用溫和而親切的口吻對我說：

「葉小姐，聽說你現在在上海念書，念幾年級了？」

「三年級。」

「念那一系？」

「政治經濟系。」

「呵，小姐念政治，可了不起，將來一定是個女政治家。」

「哪裡，哪裡，念政治是最沒出息的。」

於是他又問了我許多學校方面的問題，這些問題最容易談，也最不會得罪人，慢慢的我的心平靜下來，態度也自然了，等到二十分鐘談下來，我們已不再感到陌生。後來他說要等著送我老師去車站，問我要不要一道去，我心裡是想說「不」的，口裡卻說「是」，那時時間還早，他提議我們先去附近湖濱公園散散步，我心想裡，剛剛認識怎麼可以和他一同出去散步，正推辭間，鄭先生來了。他是認識我也認識他的，不知道是有意還是無意，他聽見胡軍長說出去散步的事，連忙對我說：「來，來，我們一同出去走走。」因有他同去，我也就不再推辭了。出得門來，三個人有說有笑的從第一公園一直走到民眾教育館。

那天是一個風和日麗的好日子，正是暮春三月，江南草長鶯飛的時候，湖濱公園桃花盛開，香風陣陣，吹人欲醉，我走在他們兩人中間，有些興奮也有些迷亂，腳步有點飄飄蕩蕩地像走在雲裡，當時忽然想到小江，很盼望能在路上忽然遇到她。她知道我對那位照片裡的英雄有著一份特別的感情，假如她看見我竟真的和他在一起，將是多麼的驚喜。

一小時之後，我們回到老師公館陪他一同去車站，車站裡人潮洶湧，好像還有些部隊上車，胡軍長沒有和我們同車，我想可能他還要送別的人。車開動了，我向老師的祕書何小姐揮手送別，老師是素來不喜歡這些婆婆媽媽式的動作的，一上車他就進入他那預定的房間，繼續辦他的公事去了。

「葉小姐，我送你回去吧！」

當我看著何小姐的手帕在遠去的車窗消逝後，正轉身要走時，忽聽得後面有人對我這麼說，不知道在什麼時候，這位將軍竟又回來了。我覺得有點不好意思，連忙說：「不了，謝謝您，我自己回去。」他好像沒聽見我的話一樣，跟著我朝向車站出口的方向跑。我想，等到了車站門口再說吧。出得站來，前面正停著一輛黑色轎車，我想這車可能是他的，但又不敢斷定，心裡想在快到達車子時向他握手辭謝，哪知當我們走到離車子還有幾步距離的時候，他卻一個箭步跑到車旁把車門打開了，我感到很是尷尬，口裡嘰嘰咕咕的像是又說了一、兩句推辭的話，但他並不理會，只是笑嘻嘻的用他那空著的左手很自然的把我挽上了車，我想，這簡直是軟性的綁票嗎！天下竟有這種強要送客的事，雖這麼想，可是心裡卻是很快樂。

到了家門口，已是吃中飯的時候，想要請他進去吃飯，又不好意思，畢竟我們認識還不到三小時，只好謝謝他就算了。他也沒有什麼表示，只說了一聲「再見」就叫司機把車開走了。他走了之後，我又有點失悔，覺得可能自己對他太冷淡了，得罪了他。吃飯時，綺嫂問我這半天的情形我都懶得講，只說去車站送了老師，匆匆吃了半碗飯就跑到房裡關起房門，想安靜一下，使頭腦清靜一點，把那紊亂的思緒理理清楚。誰知剛進到房裡，外面的門鈴就響了。女傭來報告，外面有客要見二小姐。

他已換穿一套西裝，態度瀟灑儒雅，實在不像一般人所想像的軍人。他問我有沒有興趣去遊湖或散步，我覺得有點累，不想出去，提議就在家裡談談，他也樂於接受，一談就談了幾個鐘頭；從杭州的天氣談到西湖的風景，再從西湖風景談到有關西湖十景的各種典故。原來他是老杭州，在杭高念過書的，對於杭州情形非常熟悉，雖然我也在杭州念過三年書，還自以杭州作為第二故鄉，但和他比，卻像個陌生人了。他是那麼的健談、說話的聲音和平而有力，眼睛充滿著感情，當你聽著他說話，看著他的表情，是不能不被吸引的。坐到天快黑的時候，他看看表，說是有人請他吃晚飯，才愉快地辭去。

晚上，綺嫂問我什麼時候認得這位先生的，他是什麼人，什麼地方人，我就把這一天的情形告訴她，她聽了之後，笑著說：「二妹，我看要當心，這位軍長的攻心戰術可厲害著呢！」我啐了她一口，埋怨她不該取笑我，如果取笑我，以後什麼話都不告訴她了。姑嫂倆正在談笑著，門鈴又響了。女傭進來說：

「二小姐，下午那位客人又來了。」綺嫂一聽馬上格格大笑起來，她說：「你看，這不是攻心戰術嗎？哪裡有一位普通朋友會這樣積極的？要不，他是著了我家小姐的迷了。」在平時我一定和她鬧一場的，那時卻顧不得了，只對她白了一眼，告訴她等客人走後，一定不饒她。匆匆的修飾了一下，就跑去客廳。

一看我進去，他連忙迎了上來，一邊和我握手，一邊問我：「我晚上來看你，是不是方便？」我想，你既來了還說什麼，就笑著說：「沒有關係。」於是我們又開始聊天，這一次他和我談歷史，我早就聽說他對歷史很有研究，問了他許多歷史上的問題，他都對答如流，對每一件事說來都是如數家珍，並且常常有他獨到的見解，愈談我對他愈佩服。後來我問他一些有關戰爭的問題以及對於他的種種傳聞，他卻避而不答了，他只是說：「這些都是枯燥的題目，我們還是談些有趣的事吧。」我也就不便再問下去了。那天他坐到十一點多鐘，臨走時約我次日同去西湖探勝。說定早上九點來接。

他可真是個守時的，第二天早上，當我們客廳的大自鳴鐘「噹」的一聲，開始敲打九下中的第一下時，門鈴也響了。我們一同坐車到湖濱第四公園，再從那裡僱一隻小船遊湖，我們先到平湖秋月，再到三潭印月，在那裡我們上岸去在那九曲石橋上眺望湖中景色，流連好久，才又下船繼續前進，到岳墳，上去弔岳王墓，走過跪在大門左右的秦檜夫婦石像，看見遊人對他們吐唾液，我們覺得歷史的審判確是很厲害，也是很公正的。中午我們就在岳墳附近的杏花村吃午飯，嘗了一頓道地的寧波菜。後來我們又穿過蘇堤划向西湖，裡西湖的荷葉很茂密，小船穿過，有時頗不容易，但和風吹來，荷香陣陣，划游其間，情趣無窮，情侶們通常都喜歡在這裡划船，尤其是在初夏荷花盛開的時候，遊船更多。我們上去玩了幾處名勝就往回划，回到湖濱已經是萬家燈火了。

在船上的時候，他提議次日陪我去爬玉凰山。他對於爬山似乎特別有興趣，認為奔馳於叢山峻嶺之間，呼吸著大地的氣息，比蕩漾於碧波之上呼吸著荷葉的氣息還要有意思。我雖不同意他的說法，但也很樂意和他一同去爬山。第二天一早便穿上一套輕便衣裙，在客廳等著他，哪知這次他沒有來，只派他的參謀來告訴我，他昨晚接到南京的電話，那邊有要緊公事，已經連夜趕去了。這消息使我很失望，但並不怪他，軍人以身許國，私人的生活永遠只能放在後面的。

過了兩天我和綺嫂也回到上海。那時我們住在法租界薩波塞路的一幢三層紅磚洋房裡，這是一種西歐式的建築，門口進去就是樓梯，樓梯終處就是二樓也就是正房，第一層在樓梯邊進去，像是地下室，除了廚房以外就是下房。我們用二、三兩層，二樓前房本來是父母的臥室，父母回家鄉後就用作飯廳兼客廳，二樓後房是大哥的書房，我的臥室在三樓後進，三樓前面是兄嫂的臥房。我房裡有兩扇大窗開向法國公寓的花園，園中樹木蒼翠、綠草如茵，四周種著各種花木，一年四季都有花開。我常常憑窗欣賞園中景色，春天的時候，和風帶來花香，使我的房中總是芬芳滿室，尤其是每當從外面回家，推門進去一陣香氣迎面而來，使人頓覺心爽神怡，所以雖然房間不大，我卻非常喜歡它。

大約是我們回到上海的第五天早晨，我沒有課，正靠在窗下的沙發上讀一本詩集，媽媽的丫頭阿香急急忙忙的跑進房來對我說：「二小姐，快下去，門口有一位先生要見你，他手上還捧著一盆花呢。」我想那不會是他吧？可能是他打發花店送來的。下去一看，我簡直要笑出來了，原來真的是他，直直的站在門前，兩手捧著一大盆盛開的玫瑰花，那是個綠瓷磚的花盆，恐怕至少也有十斤重吧。我想笑，前去和他招呼，他才想到把花盆放下來。我問他什麼時候來上海的，他說才到了一小時，可見他一到上海就跑到花店去買花了。我深為他的情意所感動，趕快請他上樓去坐。他問我把花放在哪裡，我看那是一株深紅色的玫瑰，已經開出三朵，還有幾朵正含苞待放，那花瓣光柔得像絲絨一般，花形極為完美，一看就知道是名種，我想擺在自己房裡，就叫阿香來拿。他卻堅持要自己捧上去，我拗他不過，只好為他帶路了。到了房裡，讓他把花擺好，就索性請他在那裡坐下。坐定後，他對我說：「你一定覺得奇怪吧？我不送你一束鮮花，卻這麼愚笨地搬來這麼個大花盆。我這樣做是有用意的，這是我送你的第一件禮物，我要它生根發達，年年開出完美的花朵。瓶花插幾天就壞了，這株花謝了又會再開，只要你勤加灌溉，她永遠會枝葉茂盛，紅花常開的。」

這真是深刻的想頭，這種誠意實在可感，我連眼淚都要滾下來了。也就很誠懇的回答他說：「呵，你的意思太好了，真是謝謝你，請你放心，我一定好好的灌溉，小心的培養，使它的花開得更美，使它的根長得更深。」聽我這樣說，他伸過手來握住我的手，半晌無言。我倆的心在這一剎那間就已經有默契了。

往後我們對這株玫瑰花很重視，不久他住在牯嶺參加廬山訓練團時，來信曾有這樣的一段：「想到玫瑰花開芳香滿室，對鏡梳妝，臨窗讀書之風神，不禁神往久之。」後來上海情況危急時，我送綺嫂轉杭州回家鄉曾把這盆玫瑰也帶到杭州，托她帶回家去，和我兒時手植的茉莉花種在一起。現在事隔二十多年，家鄉淪陷又已十多年，這株好花不知下落如何了！

那天他在我那裡坐了一會兒就提議出去走走，原來他對上海的環境也像杭州一樣的熟悉。想當年他帶領著革命軍坐著敞篷車在上海市遊行的時候，一定像凱旋榮歸一般心裡是非常愉快的。這次他帶我上外灘公園去玩了一會，就請我在南京路一家館子吃西餐，那是一個猶太人開的，以印度咖哩雞飯最為出名，他就為我們各人點了一客。飯後我們又去霞飛路的一家俄國館子聽音樂，在那裡他告訴我許多兒時的故事。

他原籍寧波，三歲喪母，由叔父母撫養，後來老太爺去孝豐做事，再娶繼母，才把他從寧波接去孝豐上學。從小對歷史很有興趣，尤其嚮往歷史上那些大智大勇的英雄人物。在湖州中學讀書時，聞得國父孫中山先生領導革命的事，就想前去參加，只是年紀太小又無門路，沒有辦法只有慢慢等待機會。湖中畢業以第一名被保送去杭高念書。後來又回到孝豐教書，在杭州時他加入國民黨，從那以後對於黨務就很熱心，嗣後曾去上海、南京、北京等地為黨工作，所走地方愈多，對於國家的大好山河更有深刻的印象，認為大丈夫應對國家民族有所貢獻，決不能屈居窮鄉一隅老死牖下，與草木同腐。等到聽說國父創辦黃埔軍校，扣考有志青年投筆從戎，他就決定前去投考。可是，那時的社會仍然不重視武功，一般老百姓還是相信「好男不當兵，好鐵不打釘」的舊觀念，所以老太爺他們都不贊成他去。況且他又是長子，家人以他對祖宗的責任為理由，也不願他去冒險，但是他去意已決，還是不顧一切的上路，當時身上穿著一件藍布長衫，足上穿著一雙草鞋，口袋裡只有五塊大洋，臨走時七歲的幼弟送他上路。走到孝豐城門口，他怕幼弟再走回去會迷途，堅要他回家。又因天氣熱，太陽太大，就把手上的一把雨傘叫弟弟撐回去。幼弟哭著說：「大哥，你這樣出門，沒有吃的、沒有穿的，將來怎麼辦？」他回答幼弟說：「大丈夫不能忍凍挨餓還能成什麼事業，你不要急，回去好好念書，將來做個有用的人，大哥只要有點成就，一定會回來看你的。」後來他苦撐著到了上海，問一位在上海做事的好友借了五十塊大洋，就搭船去廣東了。

當他談到這種種往事時，聲調充滿感慨。從他的故事，我對他有了更深一層的認識，尤其是想到他從小喪母，孤苦奮鬥的往事更是感動得想掉眼淚，那天他當晚就回南京去了。

從那次以後，差不多有三個月的光景，他只要有空就跑來看我，有時兩、三天，有時一天，有一次還只有半天，中午到晚上就走了。他來總是約我到公園、海邊或上海附近的名勝古蹟去旅行散步，我們有許多共同的興趣，對於大自然的愛好就是其中之一。此外我們也常常去聽音樂，但很少去看電影，因為他的時間總是那麼短促，我們捨不得浪費時間在黑暗的電影院裡。他是一個看來沉默卻很健談的人，我們在一起時可說無話不談，不過有一個原則就是不談政治，不談他本身的職務，我除了知道他南京辦事處的地址外，對於他的防地，他部隊的情形一無所知，事實上，他每次從哪裡來，到哪裡去我也是不知道的，他來看我總是突然的出現，從來沒有事先告訴我一聲的，有時我寫給他的信常常會在他來看我之後才收到，原因是他從別的地方來，而我的信是寄到南京去的。他這種行動的保密，公私的分明，是基本的特性，不但那時如此，往後二十五年都是一樣。

在民國二十六年六月的一個早晨，他又出現我家門口，一見面就對我說：「快快準備，我們到江灣去玩一天。」江灣是海邊，是我們常去的地方之一，那裡有一家西餐館以海味聞名，我們去總喜歡挑靠海的那一面座位，坐著欣賞海上的風光。他說一個人如果能常常和海接近一定會眼光遠大，心胸遼闊的，以海的偉大海的雄壯來比，人實在是太渺小了。

那天我本來是想在家準備考試的，他既然來了，而且又提議去看海，我只好丟下一切跟他走。從上海去江灣坐汽車大約有半小時，在平時他總有說有笑的，那天他像是考慮一個什麼問題，車子開動以後就很少說話，直到我們快出市區時，他忽然拉住我的左手，看看我手上戴的古老的手表，很認真的說：

「你這個手表很舊了，該換一個新的。」

我不知道他的用意，脫口而出的笑著說：

「換個新的誰送禮呀？」

「我送。」他直截了當的說，一邊就從口袋裡摸出一個綠絲絨的長方形盒子，裡面是一個小巧的白金手表，這一下可把我窘死了，羞得從頭頸紅到額角，我說「誰送禮？」是一句開玩笑的口吻，怎麼會想到他已經預備了一個手表在口袋裡的呢？當我仍在羞得抬不起頭來的時候，他卻像哄小妹妹似的對我說：

「來，讓我替你戴上去試試看，表帶是不是太長，太長可以拿去剪短的。」這時我覺得不得不開口了，就對他說：

「我剛才是說著玩的，謝謝你，這禮物太貴重了，我怎麼好意思收呢！」他聽我這一說，以為我不喜歡那個表，用驚疑的眼光看著我說：

「怎麼？你不喜歡嗎？不喜歡可以拿去換的，請你先收下好嗎？」我不好意思再拒絕，只好把它收在荷包裡，但一路上心神都有點不安，總覺得自己的態度有點太放肆了。

到了那裡我們照例揀了兩個臨海的座位，叫了我們慣吃的菜，吃完飯，他提議我們到海灘去走走，那時已是下午兩、三點鐘的時候，初夏的太陽曬得沙灘有點發燙，走了一陣，他看看左面的堤岸示意我說：「我們到那裡去坐一下吧。」沒有等我同意他已大步的向那邊走了。堤岸那頭有一個茶亭，擺著一些籐椅，是供遊客坐的，那時簡直沒有什麼人，我們坐下以後，他和我有一搭沒一搭的談著，氣氛總有點不像平常一樣，過了不曉得多久，他忽然像下了很大的決心般的，轉過頭來，臉對著我的臉，眼睛注視著我的眼睛，溫和而堅定地問我說：

「霞，我們今年結婚好不好？」

雖然他的聲音是那麼的溫和，他的態度是那麼的誠懇，這句話之對於我卻是那麼有力、那麼響亮，使我的心像受到劇烈的震盪而猛跳。是的，這是我所最願意聽的一句話，也是我盼望著有一天會從他的口中說出的一句話，但是我沒有想到它會來得這麼快，更沒有想到它會在今天，在這一刻被提出來的。我看著他，呆呆的看著他，一時竟答不出話來，內心充滿著感情，兩眼潤溼了，眼淚慢慢地從兩頰流下來。最後我用那迷矇的淚眼看著他，向他輕輕的點了一下頭。就在那一刻，那一剎那，一對強有力的臂膀伸了過來，把我緊緊的摟住了。

回到家裡，我像是酒醉了一般的飛奔上樓，迫不及待的把這消息報告綺嫂，並請她馬上代為寫信去稟告父母，呵！媽媽，親愛的媽媽，我知道這消息會使她多麼的高興，因為她知道我的心，她知道這個婚姻會帶給我最大的幸福的。

晚上，睡在床上，回想著過去的種種，回想到我在杭州念高中的情形，回想到在胡大哥家所看見的那張照片，多麼奇妙的事，一張照片，我竟會對一張照片一見鍾情，而這種虛幻的感情竟會變成事實。我想等我們結婚的那天，我們一定要拍一張很美很美的結婚照，再把這張照片寄給胡大哥，請他把它和那張舊的照片掛在一起。

萬卷詩書

天下不如意事真是十常八九！當我正滿懷興奮和歡樂的心情，等待著喜期的來臨時，從那北國的橋頭傳來了一聲炮響，這炮聲打去了我十載的美景良辰，驅使我讀破雖無萬卷也有千卷的詩書。

那是民國二十六年的七月七日，駐在我國華北的日本軍竟在北平西南的宛平縣盧溝橋附近舉行野戰演習，為了造成侵略的藉口，假說有一名日軍失蹤，居然向宛平縣城開炮，我駐在附近的國軍，在忍無可忍的情形下，終於開槍反擊了。這時總統蔣公正在廬山主持訓練，得到報告之後，認為中華民族存亡絕續的關頭已經到來，立刻向全國軍民宣布對日抗戰的決心，號召全國同胞一齊起來，拚全民的生命，求國家的生存，我們全國軍民，對於日本軍閥的侵略野心及對我國領土主權的侵犯，早已氣憤填胸，經領袖這一號召，自然是一致起而響應，於是那悠長而艱辛的八年抗戰就這樣開始了。

我那未來的新郎當時也在牯嶺，戰事既然爆發，自然就立刻奉命返防了。我在上海得知戰事發生的消息，馬上想到我們的婚禮將要延期。不過，我並不因此懊惱，因為我絕想不到戰爭會延長得那麼久，而且對日抗戰也是我自己一直盼望著的。早在一．二八事變時，我在杭州念高中，就曾參加杭州市學生請願團，坐四等火車，到南京去請過願的。這幾年來，雖知道政府準備工作尚未完成，不能早日還擊，但那種焦盼政府出兵，逐出占住我領土的敵人的心情，已是與日俱增；現在出氣的日子果真到來，怎麼還會因私人之事而感到不愉快呢？那時我所等待的只是關於南兄行蹤的一封信，我知道他一定會最先參加作戰的，如果他是在京滬一帶，我就安心多了。但是一連兩個禮拜卻是一點消息都沒有。我寫了幾封信到他南京辦事處，也無回音，這時上海已是人心惶惶，許多人都在準備搬家了。我那位住在江灣兩江體專的好友蘭姊，也搬進城來和我們同住了。大哥來信，勸我和綺嫂暫時回到浙江家鄉去，蘭姊卻勸我和她一同回重慶，我已下定決心，在沒有和南兄接上頭時什麼地方都不去。

大約是八月初的一個下午，老師的副官打電話來說，老師請蘭姊和我到海格路去吃晚飯。原來老師已經到上海來了。我想，可能南兄也會來，看樣子戰爭離我們不遠了。因為我急於想得知一點有關南兄的消息，還不到六點就催著蘭姊動身，蘭姊還以為我想去老師家吃好東西，笑著罵我說：

「急什麼，他們有冰箱，冰淇淋不會化了的。」

話雖這麼說，她還是快快的打扮好陪我一同出門了。

我們一進去，老師就下樓來了，他顯得安詳，像是沒有什麼事要發生似的，蘭姊問他上海要不要緊，他笑笑說：「要緊當然是要緊，但對於你們這些女孩子是沒有什麼關係的。」我說：「假如戰事到了上海市郊我還要不要繼續讀書呢？」他說：「看情形吧，只要學校能繼續上課就可以繼續念書，這次戰爭是長期抗戰，絕不是短時期所能了的。」

這時我看見女傭在擺碗筷了，她擺著五副碗筷，我想，還有兩個客人是誰呢？忽見老師的祕書陳先生從後面書房出來，老師問他：

「胡先生呢？」

「在樓上，他馬上就下來。」

陳祕書的話才說完，就聽見一陣樓梯聲，我那位將軍，從樓上飛快的下來了。我感到一陣驚喜，正想立刻迎上去，他已來到我們面前，愉快地和我們一一握手，但是我感覺到，他對我的態度並沒有比對蘭姊的態度更親切，心裡有種說不出的惆悵，默默地跟著大家坐上餐桌。吃飯時，他的話最多，並且還說了兩個笑話，那種若無其事的樣子真不像從前方剛回來的，我心裡有好些話想和他說卻找不到機會。飯後，蘭姊說到如果戰事再蔓延開來，她想回四川去，他很贊成她的意思，和她談了一會兒，才轉向著我，笑著對我說：

「葉小姐，你有什麼打算？」

我說：「如果上海市區不變為戰場，我想暫時留在上海。」

他說：「這樣也好，我相信上海三個月內是沒有問題的。」

我心裡想，你說得這麼肯定，靠得住麼？後來證明我的猜疑是多餘的，因為他已下了決心要守這麼久了。那天我們再談了一會兒，他就說有一封要緊的信要寫，先告退上樓去了。我當時感到有點莫名其妙，後來一想大約是他不願在陌生人面前流露真情，因為他還是第一次和蘭姊見面呢？

原來他那封要緊的信是寫給我的，當我抱著悵然若失的心情回到家裡不久，老師的司機就送信來了。信並不長，內容大意是：

「霞妹，我因公來滬，本晚即須返防，上次之約必須展期，此為萬不得已，想妹定能原諒。一待戰事勝利結束，我必赴約。後會有期，千祈珍重……」

我並不失望，因為這是意料中事。一星期後大上海的保衛戰開始了。他的部隊就是這次保衛戰的主力，他所率領的是第一、第七十八兩師約四萬人，所防守的是楊行、劉行，蘊藻濱那一線，那是一條極為不利的防線，地勢窪溼，又無掩蔽，他們的戰壕直接在敵艦重炮轟擊之下，可以說是真的以血肉之軀築成長城來掩護國家實力的後撤，以保存國力與敵人作長期的抗戰，可是兵士犧牲之壯烈，損失之慘重，真非筆墨所能形容。他眼看著兄弟們一排二排的為了國家的生存、民族的光榮而倒下去，雖傷心欲絕，卻仍咬緊牙關的支持著，一直支持了三個多月。當戰爭初起時國際上都認為我們支持不了三個星期，一位幸災樂禍、眼光短淺的法國政要還曾經這樣說：「筷子怎麼抵擋得住大炮呵！」誰知我們的筷子不但抵擋住了大炮並且還得到了最後的勝利。後來，當人們估計我們八年抗戰成功的因素時，認為最初這三個月的上海保衛戰，以血肉之軀爭取到的時間，使得政府能從容把人力物力移向後方，實在是有很大的作用的。

在這段時間，我校在大西路的房子給戰火燬了，後來就搬在愚園路岐山村繼續上課。我一面讀書，一面參加上海各界婦女所組織的救護隊去各臨時傷兵醫院工作，那時上海的所有舞場、戲院幾乎都做了傷兵醫院了，這些傷兵醫院的傷患官兵，有許多就是南兄的部隊的，可惜我當時並不知道。我除了讀書、服務之外，每隔兩、三天就給南兄去一封信，報告他上海的情形，也告訴他我對他的思念。這時我並不知道他就在上海外圍，也沒有接到他的片言隻字，事實上，我根本也沒有希望他的回信，只是覺得我的信可以給他安慰，也可以增加他作戰的力量；此外，寫信對於我自己也是一種安定力，因為上海那時的人心是相當浮動的。後來，他告訴我，我這些信確是給了他很大的安慰，他每當深夜，當一天慘重的戰爭結束之後，就會拿出我給他的信來讀。後來當他們撤離上海時，因為怕半路遺失了給敵人拾去，他把那些信放在一隻小箱子裡埋在營地後面的園子裡。後來抗戰勝利時他本想去那一帶找找看，又因共匪叛亂，仍然抽不出身。不知道現在還在不在呢？

我們再相見時已經是民國二十七年的二月。那時國軍已經撤出上海，放棄南京，京滬一帶的人民很多已向內遷。我校張校長決定遷校成都，已派商學院院長謝霖先生專程西上籌備，我去信家鄉，徵得父母的同意之後也決定到成都去。由於滬港一帶都有大哥的朋友，我先從上海乘船到香港，再從香港乘飛機去漢口，離港時，大哥的朋友曾經打了個電報去漢口請大哥去飛機場接的，可是當飛機抵漢口機場時，我沒有看見大哥，只看見老師那裡的郭先生在笑咪咪的向我打招呼，下機後，才知道大哥因公到別的地方去了，是他托郭先生接我的。當我跟著郭先生走到機場的出口時，忽見南兄的辦事處長程先生向我走來。我心裡一愣，想著「是不是他也來了？」還來不及再轉念頭，程先生已到我們面前，向我招呼了。他跟著我們走了幾步就輕輕的問我：住在漢口什麼地方。郭先生把我的地址告訴了他。

到了住的地方還不到一個小時，南兄就來了。

他看來又瘦又黑，不過兩眼還是那麼有神，動作仍然那麼迅速利落，一看見我就趨前和我熱烈握手，口裡連連問著你好嗎？你好嗎？語氣中充滿關切。實在是，當這亂世，他又經過了那麼多的生死一髮的場面，半年別離真有隔世之感呢！看見他那麼消瘦，我心裡很是難過，只說得一聲：「你瘦了！」眼淚就像泉水似的流了出來。他拉住我的手，扶我坐在一張長沙發上，溫柔地對我說：

「看你，到底是女孩子，禁不起一點風險，我在這裡好好的，還哭什麼！」說著就從口袋裡拿出手帕為我擦眼淚，等我停止了哭，才又對我說：

「告訴我，你怎麼從上海跑出來的，我已經兩個月沒有接到你的信，正派人在上海打聽你的下落呢。」

原來，他的部隊退出上海以後，略加補充又參加南京、浦口、烏衣、滁州之戰，這段期間我給他的信，他一封都沒有收到。於是我把怎樣準備離上海，怎樣到香港的一切經過詳細的告訴了他，他聽後嘆口氣說：

「真慚愧，我竟沒對你的安全盡到保護之責！」

我們談了一會他說有事馬上要走，明天再派人來接我去他住的地方談談。

第二天一早，程先生來了，我們一同到南兄的住處。一進門，他就說：「來，我帶你去行個禮。」我正奇怪間，他引我走進一間小小的書房，正中靠牆的桌上，擺著一張老人的照片，前面有一爐檀香，香煙裊繞，氣氛肅穆，他注視著照片對我說：

「這是我父親的照片，他老人家已不幸於兩個多月前去世了。去年夏天，他在上海醫院醫病，我好幾次想帶你去看看他，都遲疑未決，結果他竟未能在生前看到你，我感到非常遺憾！」

聽了他的話，我感動極了，兩眼含著淚走到桌前，向我那未來的公公深深的鞠了三個躬。行完了禮，抬頭看見南兄他也已經滿眶熱淚了。他天性至孝，對於老人家去世時他未能前去奔喪感到極為悲痛，以後每年老人忌日他即閉門謝客，絕食一天，以表孝思。在公公逝世三周年時他曾上電當時的委員長蔣公懇請准予回鄉料理窀穸，稍盡孝思；但因他當時任三十四集團軍總司令及第七分校主任，責任很重，委座沒有批准，他就在終南山大頂設奠致祭，並且親自撰了一篇祭文，情詞悲愴，後面有一段：「兒出外多年，未嘗一省，遭逢亂離之世，構成百身莫贖之痛，親恩浩蕩，而音容長違，親德巍巍，而慰親無計，獨上南山，請靈設奠，一身寒落，風雪漫天，固不自知其心傷神創，而語無倫次也……」這篇祭文，後來我把它收在《宗南文存》中，每次讀到，回想到當年在漢口他帶我去向公公遺像前鞠躬的情形就不禁心痛如絞！

那天我在那裡吃中飯，飯後，他叫我在一旁坐著，他要寫幾封家信。他的信是寫給他的叔父和他的弟弟。兩信內容大致相同，就是告訴他們這次抗戰是長期戰爭，家鄉可能遭到敵人蹂躪，叫他們舉家遷移，在後方隱姓埋名過苦日子，等抗戰勝利後，他當回家再重整家園，和他們團聚。這兩封信是派專人送的，同時還給他們送了一點錢。在下午四點鐘光景，他請程先生送我回住處，他自己就動身去防地，那時他的部隊在武昌附近補充訓練，不久就又開赴前方作戰了。

我在漢口住了半個月才搭船去重慶。這時武漢情況已經很危急，長江一帶的居民很多都向四川撤退，開赴重慶的船隻擠得滿滿的，我雖然買到一個頭等房艙，但當我上船時，不速之客已把那間小小的只有一個半榻榻米的房間整個占了。裡面一共是三家，一個年輕的母親帶著四個小孩，最大的六歲，最小的才三個月；一對年老的夫婦帶著一個七、八歲的小孩子；另外一對中年夫婦帶著三個孩子。我到門口的時候看見裡面黑壓壓的都是人頭，還以為走錯了房間，後來問清楚才知道並沒有錯，這些人是下江來的難民，買不到票，夜裡偷偷上船來的。他們知道我是那房艙的主人，感到有點歉然，但逃難要緊，也顧不得公道了，我站在門口，連腳都插不進去，還是那對老夫婦看不過意，叫那小孩坐在他祖父的膝上，騰出一點地方讓我勉強坐在那小床上，但沒有地方伸腿，只好靠著艙板，兩條腿屈著，兩手抱著膝頭。這種姿勢足足維持了三天三夜，真是受盡活罪；不過因為在患難之中，能夠逃得出命已經萬幸，大家倒也沒人埋怨，並且很能和衷共濟，每次吃飯的時候都由坐在艙門口的人，小心翼翼一步一步的越過睡在艙外地板上的人身，去把食品運送過來。幼小的孩子由幾個大人輪流著抱，我那膝蓋就經常做著那三個月大的嬰兒的臨時搖籃。好不容易到達宜昌，又遇到一次警報，一時船上秩序大亂，許多人都跳上岸去躲警報，靠著這個機會，我的腿才站直了幾小時，縮緊了的四肢得以鬆散一下。那次敵機並沒有在宜昌投彈，警報一解除大家又紛紛上船，繼續前進。到第五天總算平安到達重慶，可是已經是人人蓬首垢面，衣衫汙衊，一副乞丐模樣了。

船到萬縣時，我曾想辦法給蘭姊打去一個電報，所以當船靠重慶碼頭時她已在那裡等我了。她比我早三個月離開上海，在這烽火連天的時候，三個月的別離，什麼事都可能發生，我們居然又能安全地重聚，也算不容易，兩人相見，不禁相抱而泣。

蘭姊已替我在她家預備了住處，取出行李，我們就一同到她家裡去，她家住在江北，房子相當大，有很好的花園，我們才進園門她媽媽就從屋子裡迎出來了。她是一位能幹而慈祥的老太太，一見到我就很親熱的拉著我的手帶我到屋子裡去，她把我的房間布置得很漂亮而舒適，那晚當我洗過一個熱水澡，輕鬆地躺在那席夢思床上時，真有如從地獄跳上天堂之感。我在重慶住了一個月，真正的享受了一個月的清福，到現在想起來還是回味無窮，對於趙伯母的盛意我是永遠不會忘記的。這次她老人家未能逃出來，不知是不是平安無恙呢！

三月中旬得到的通知，學校已在成都王家壩租到房子，月底就要開學了。我雖捨不得離開蘭姊和她那舒適的家，但我來的目的不是逃難而是求學，我必須按期趕去。就於三月二十號從重慶搭長途汽車去成都，接著就註冊上學了。

我到成都不久，南兄也移駐到西安，他那時已升為三十四集團軍總司令，主持整編華北各戰場退到陝西的部隊，同時他又兼任中央軍校第七分校主任，主持訓練軍事幹部工作，他素來熱愛青年，有志教育事業，得到這個機會，自然樂於把他的全副精神用在上面。由於他過去的勇敢，無畏的作戰精神，堅苦卓絕的氣節，以及無私、無我的作風很受一般青年的愛戴，他那無我為大、無名為大、無畏為大的口號，很能打動熱血青年的心，所以在那個時期凡是有志之士，都從四面八方走向西北。第七分校的學生，連同戰幹班的學員，有個時期，竟高達兩萬人；此外，許許多多的專家、學者，有眼光的知識分子，也相繼前往，鳳翔的東湖公園成為學者專家的接待中心，盛況空前。

在成都的青年學生對於這位西北的胡將軍也都萬分景仰。那時成都各大學的學生聯合起來組織了四個大專學生戰時救國團，從事後方的宣傳服務工作，我是四個團的團長之一，也是唯一的女團長。有一天我們四個團的主要負責人聚在一起聊天，談話中有提到西北的胡將軍（當然沒有人知道我和他的關係），那位第一團團長，川大四年級的學生就說：

「噯，我們來組織西北考察團，到西安去看看好不好？」

「考察什麼？要去就乾脆去受訓，聽說上次查良釗先生奉教育部之命，收容了平津、河北、山東各地的流亡青年一千五百人，到了鳳翔，沒有吃的、沒有穿的，胡將軍知道了，馬上派人去把他們統統收留下來，並且撥出天水訓練班的房舍，派了五百匹驢子把他們護送了去，現在大夥兒在那邊上學，精神才痛快呢！」那位華西大學的學生，馬上接上去說了這一大堆，原來他有一位表弟就是在一千五百人的隊伍中的。

「去是可以的，只是我們的家人都在這裡，怕他們不肯讓我們去呢？」第二團團長，音專的一位同學提出疑問。

「那有什麼關係？那邊是革命的熔爐，我們去了只有進步、只有成功，家人為什麼要攔阻呢？」另一位團員也提出他的意見。於是你一言，我一語，大家討論起來了。一般的意思是無論去考察也好、去旅行也好、去受訓也好，總之西北是值得一去的。這時有一位同學向我說：

「葉大姐，我們去，你來做領隊好不好？現在女青年去軍中的也很多呢！」

「可不是，那女兵的作家謝冰瑩女士現在就在西安。」

「聽說還有一位湖南的《瀟湘漣漪》雜誌的編輯李芳蘭女士也組織了一個女青年戰地服務團到西北去了。」

「去吧，葉大姐！如果你作領隊，我們全體都去。」

這樣你一言、我一語，大家的目標竟轉向我了。我心裡想：幸虧他們不知道我和胡將軍的關係，不然真要給他們取笑死了。我知道這時候我去是不妥當的，於是對他們說：「好啦，好啦，只要大家願意去我也可以去，只是有一個條件，必須等我畢業了再去。我父母在家鄉就等著瞧我這張大學文憑，如果拿不回去，那才丟人呢！」

聽我這一說大家也就不鬧了，也許他們也想起他們的大學文憑來了。我們的考察團始終沒有組成，但個人分別去西北的卻不在少數。

在另外一方面，當我在成都的一年零三個月中，這位青年人的偶像，萬人景仰的英雄，卻悄悄的來看過我兩次。那時在成都沒有一個人知道我和他的關係，因為我們既然在當時不能結婚，就約定暫時不把我們的關係公開。他去成都是利用去華西大學醫學院看牙齒的機會去的。他第一次去看我的情形頗為有趣。那是一個初冬的下午，我們搬到草堂寺的新校舍不久，下課以後，我和同班的三個朋友，手挽著手在校園內散步，忽見門房匆匆的向我走來，遠遠的就叫著說：

「葉小姐，有人送信給你，我叫那個送信的把信留下，他說有要緊的事要當面交給你。」

我想，這才怪了，難道是他那裡的程先生來了嗎？就擺脫了同伴向門房跑去。到了門房卻什麼人都沒有。我回過頭來問剛才去叫我的門房老陳，他用指頭向左邊的花圃一指說：

「那個人就是。」

我朝他所指的方面看去，一個穿灰色中山裝的人，正站在七里香的籬笆旁，欣賞著花圃中的菊花。一看那背影我就認出這位送信的人是誰。我悄悄的走了過去，直到快挨到他的肩膀時才笑著說：

「請問您是給我送信來的嗎？」

一聽見我的聲音，他立刻轉過身來，揚著一臉的調皮笑意，回答說：

「是的，這是您的信。」說著，果真從口袋裡摸出一封信來。

我一邊接信，一邊說：

「謝謝、謝謝，請到裡面去坐一會好嗎？」

他兩眼注視著我，微笑著說：

「我看不必了吧，假如您有空，我倒盼望您能陪我去散散步。」

「為了報答您千里送信的辛勞，自然應該奉陪。」

於是我們就像天天見面的同學一般，相偕步出校門。

出得校門我才問他怎麼這樣突如其來。他說他本來早想來的，只是那裡的事實在太忙抽不出時間，這次也是為了牙齒痛，請了兩天假來醫牙齒的。我笑他有點假公濟私，他說這不叫假公濟私，該叫假醫濟私，我聽了大笑。

成都的名勝古蹟很多，我們學校所在地的草堂寺就是由於杜工部的草堂在那裡而得名的。附近有個青羊宮，每年農曆二月十二日，百花生日之期，都有「花會」，成都四鄉的養花人家把各種名花拿到那裡去展覽，同時更展出各種家庭手工藝和農產品，熱鬧非凡，花會期間長的要開一個月，短的也有兩個星期。各地人士都趕去參觀。此外在城東有薛濤井，是當年的枇杷門巷，名妓薛校書的故居，在城南有諸葛武侯祠，而華西壩上又有許多西化的建築和西式的園地，也別有風味。第二天，我陪他玩了一天成都的名勝古蹟，很有當年遊西湖的情趣，第三天一早他就飛回西安了。

他第二次去成都是在次年六月，我剛考完畢業考試，等著行畢業典禮拿文憑，這次他沒有自己去送信，是由程先生去學校接我的，他住在祠堂街的一個朋友家裡，我們一見面他就笑著說：

「大學士，我是專誠來道喜的。」

「謝謝、謝謝，大家說畢業就是失業，何喜之有！」

「那未必吧，像你這樣傑出的人才，還有人不歡迎嗎？」

「這種年頭大學畢業生有什麼用？」

「怎麼沒有用？大學生是國家之寶，誰不重視？」

「也許這是你個人的見解。對了，我聽說胡將軍帳下人才鼎盛，真是謀臣似雨，猛將如雲，天下英雄都歸關中，你想我有沒有資格去當一名小兵呢？」

「哈哈，可惜你是英雌而不是英雄！」他聽我那麼說，馬上哈哈大笑的這樣回答。

給他這一笑，我有點難為情了，馬上佯怒的站起來說：

「不來了，你不歡迎我，我們還在這裡談論什麼？」

他站起來拉住我的手說：

「好啦，好啦，小姐不要生氣吧，還是坐下來我們談真正的吧。」

其實我們這些都是空話，自從看出這戰事不能在短期內結束後，我早已計畫著畢業後去國外繼續求學，那時我已得到美國哥倫比亞大學的入學許可證，並已托人在重慶辦理出國手續了。他來的主要目的是送行，因為他怕我動身時他不能去重慶看我，所以提前抽空來見見面。

那天我們談得很多，從辦理出國手續的種種問題，去美國研究的計畫，直談到國內戰局，國際局勢，以及將來可能發生的局面，最後，也是最重要的一段，就是我們互相保證，不論這戰爭拖得多久，不論我倆隔得多遠，我們的愛情決不改變，我們一定彼此等待著，直到日後再相見。

這次見面之後不久，我就去重慶辦理最後的一些出國手續了。在出國的前夕，雖明知他不可能來送行，還是盼望他在最後一分鐘能趕到。結果他沒有來，但派人送來一封信，信上說：「吾妹此次遠渡重洋，去國離家之感，美國兒女之情，離愁密密，思緒紛紛，夢瘵勞神，感慨必多。兄因職務在身，未能親來話別，尚希旅途保重，俾免懸念。」這封信我把它放在皮包裡和護照等放在一起，一直帶到美國。

我於七月二十三日從重慶飛抵香港，八月十二日從香港乘美國柯立芝總統號郵船經上海、日本，於八月二十六日到達美國的舊金山，因為我早就聽說過美國的黃石國家公園規模很大，風景壯麗，就想趁此機會一遊，於二十七日從舊金山換乘火車去鹽湖，從那裡乘汽車玩黃石公園，然後再搭火車去芝加哥轉紐約，當我抵達紐約車站時，正是一九三九年的九月一日，下得車來，一眼瞥見報攤上的報紙，竟排著「德國進軍波蘭」一排大字，想不到歐戰也爆發了。

我一到紐約就覺得這城市太大、太亂，並不是讀書的好地方，就和那位從華府來接我的蕭先生商量，希望換一個學校。蕭先生是大使館的祕書，對華府的情形很熟悉，他提議我進那裡的喬治華盛頓大學，於是我就跟他去到那美國的首都，世界的政治中心，寬大、美麗而又整潔的大城市了。

蕭先生把我暫時安頓在他家裡，他們兩夫婦只有一個孩子，是高中三的學生，也是不久以前從國內去的，他們是湖南人，慷慨熱情，非常好客，我在那裡得到很好的照顧。我到的第二天他們就陪我去喬治華盛頓大學見政治學院的懷特院長，他看了我的成績單和哥倫比亞大學給我的入學許可證後，就答應我馬上註冊入學了。

該校是有女生宿舍的，可惜我是臨時來的，事前未預定房間，所以不能住進去，只好在別的地方找出租的房間。華府許多私人房子都是有房間出租的，可是一般房東都不大喜歡租給有色人種，蕭先生親自開車帶我去找房子，一連問了十幾家，才在離學校很遠的公園街一家原籍德國的老夫婦那裡租到一間房間。這是一幢三層樓的房子，房東夫婦住第一層，其餘兩層都租給人住。我住的是三樓前面的房間，後面房間住的是一個公司的女職員，二樓前面住了一對夫婦也是在商店做店員的，二層後進是一位老太太。這些人各有各的工作，平常大家很少碰頭，偶爾在樓下碰見也只是大家點點頭說一聲早安或晚安而已，我一住進去就感到異樣的寂寞和孤單，真像是被丟棄在冰窖似的。

而在學校的情形也並不愉快！我剛到國外，英語講得不流利，見到人不敢先開口說話，並且每次到學校都是快上課的時候，匆匆跑進教室就急忙翻開書本，臨時抱一下佛腳，因為這裡的教授幾乎是每一堂課都有五分鐘或十分鐘的測驗；下課後大家又一窩蜂似的擁出教室，各自散去，誰也沒有閒情逸致停下來和一個陌生人聊天的。所以在開始的一段時間，我除去在小店吃飯點菜時說一、兩句話外，幾乎整天都沒有開口的機會，而偏偏國內又沒有信來，我到了美國差不多有兩個多月，國內還沒有一封信來。可憐我每晚一個人在房裡看書，查字典，看書看累了就躺在床上想家，想著想著，就獨自痛哭一場，哭夠了，起來擦乾眼淚繼續看書，直到深夜。第二天一早又一個人孤孤單單的去上學，到了禮拜天，實在寂寞得怕了就跑到蕭家去，不管他們歡迎不歡迎；而且我總要挨到下午才走，甚至於他們去朋友家玩時，只要說一聲你也一同去吧，我也就會跟去，這並不是我不識相，實在是怕回到那死一般寂寞的房子裡！那時我簡直以為家裡的人都不要我了，南兄也把我忘記了，這世界上恐怕沒有人再愛我了；可是我再三的問：為什麼，為什麼呢？他們實在沒有理由把我一個人這樣的遺忘在異國呵！

就在我感到最痛苦的一天下午，忽聽得房東老太太在樓下樓梯旁大聲的叫著說：

「凱塞琳，快點下來，你有好多信到了。」

「信」，這簡直是世界上最動聽的一個字了，我馬上飛一般的衝下樓去。房東老太太手上拿著厚厚的一疊。我連忙去接過來，一共有八封，兩封是家鄉寄來的，兩封是蘭姊的筆跡，一封是綺嫂的，其餘三封是西北來的：呵！太好了，這麼多信，真是太好了！我滿面淚痕的抱住了房東老太太，口裡喚著說：「貝媽媽，我真高興，我真高興呵！」她也兩眼晶瑩地癟著嘴拍著我的肩膀說：「是的，孩子，快上樓去讀信吧，我知道這一向你是多麼的想家！」

放開了她，我連忙三步作兩步的跨上樓梯，後面聽見貝媽媽在叫著說：

「凱塞琳，別忘記把郵票留著給貝老爹啊！」原來房東老先生是個集郵迷！

上得樓去，我就把自己關在房裡，拿起信來一封、一封的仔細讀，讀了一遍又一遍，這是我離家以來最快樂的一刻，到這時我才知道實際上大家都還是那麼愛我的，只是因為到處是戰場，郵路不是中斷就是阻塞，陰錯陽差的把這些信給耽擱了；可是，最後能夠到達我的手中還是上帝保佑的呢。

從那以後，雖然生活還是那麼的孤寂，那麼的辛苦，但我心裡已不像過去那麼空虛。往後的家信來得也不頻繁，常常要隔一、兩月才來，一來就是一大堆，我因知道了原因，也就不著急了。到了第一個學期結束，學校來了通知，我可以搬進女生宿舍去住了。

宿舍在H和G兩街的交叉點，離政治學院只是兩屋之隔，這是一幢七層樓的大廈，我的房間在六樓，我的左右鄰居都是研究生，左邊房裡的一位叫南德蘭．懷特，是研究英國文學的；右邊房裡的叫愛瑪．史璜生，是研究歷史的。我搬進去的當天晚上她倆就一同來訪，各人對我自我介紹了一番，並再三的說，假使我有什麼需要她們的地方可以隨時找她們。這時我才進一步的了解，那些有種族偏見的美國人也只是限於一些沒有什麼知識的市民和家庭主婦，真正知識分子畢竟是有眼光有見解的。他們後來都做了我的好朋友，尤其是南德蘭，和我更談得來，後來她在耶魯大學得到文學博士學位，還到威斯康辛去和我盤桓了一周。她家住在佛及尼亞州的諾福克鎮，她父親是該鎮的警察局長，我在諾福克搭美國海軍運輸船回國時，還是她父親送我上船的。

自從搬進宿舍去住後，我的生活大為好轉，我再也沒有感到過去那麼寂寞孤單了。兩年以後，我得到了在美國大學的第一個學位，這個學位不是碩士而是學士，原因是在美國讀政治的必須選修美國政府、美國憲法、美國政黨、美國歷史等等近三十個學分，而這些都是我在國內沒有念過的。我的導師為了使我在短時間內有點收穫，勸我以大學插班生的資格先補修這些學分得到一個大學學位，再以美國大學畢業生的資格去別的學校申請念碩士，那樣再過一年就可以得到那個學位了。我接受了他的意見，所以很順利的就念完了。之後我以喬治華盛頓大學畢業生的資格，打電報到康乃爾、芝加哥、威斯康辛和密瑟根四個大學去申請作政治系研究生，四個大學一致回電表示接受。我對這四個大學的情形都不大熟悉，問我的幾個美國朋友究竟去那個好，她們都認為是威斯康辛風景好，特富人情味，我就決定去那裡了。

在華盛頓的那兩年當中，雖然因功課很忙，很少出去交際，但也並不是完全與世隔絕的。在華盛頓讀書的中國學生不多，但因為是大使館所在地，各地去大使館接洽事物的中國學生是常常有的，而國內去考察或受訓的陸海空軍軍官也不少，有時大使館或當地華僑舉行酒會或餐會時，邀請留學生參加，我也常常在被邀之列。但為了避免發生麻煩，在任何社交場合我都採取保守態度，偶爾有青年軍官邀我出去跳舞也都托故辭謝，所以許多去過華盛頓而和我見過面的人，對我都感到奇怪，他們說我的樣子看來不像一個老處女，為什麼態度老是那麼固執呢？幾年以後一位我妹夫的同學，也是當年的留美青年軍官之一，告訴我妹妹說：

「你知道令姊的保密工夫做得多到家，當我們在華盛頓時常在同學們的聚會上談起胡將軍，我們說他帶兵怎樣的英勇，訓練學生怎樣有辦法，我們說他怎樣的在西北苦撐，一邊要防住共產黨，一邊又要和日軍作戰，有時還有人在猜測他為什麼不結婚，是不是家裡有黃臉婆等等，她不但不動聲色，還加入和我們一同討論，誰也想不到她是他的未婚妻。有時也有男孩子請她出去吃飯跳舞，她老是說功課忙不肯去，偶爾去了卻一坐下來就和人家談政治，還常常教訓人家在國家這樣艱苦抗戰時不該虛擲光陰，嚇得人家請過她一次後就不敢再請她了，原來這些都是她的煙幕彈！」

妹妹把他的話學給我聽，我們都笑得要命。

我是一九四一年的六月從華盛頓去威斯康辛大學所在地的麥迪生城的。該處是威斯康辛州的首府，但並沒有一般城市的繁華喧鬧。市區整潔而安靜，人民和善純樸，思想崇高自由，很少階級觀念，更無種族偏見，確是追求大學教育的理想所在。學校的幾座主要建築都是在一個小山丘上，側臨曼鐸特湖。山上古樹參天，有些建築隱約在叢林之間，紅牆一角，極為古雅。我住的宿舍叫依麗沙白華德大廈，是五層的新式建築，依山面湖，景色絕佳。宿舍裡面的裝潢很是華麗，每一層樓用一種顏色的牆紙，而地毯、窗簾、床單、客廳家具都是用相同的顏色。五層樓分玫瑰、淺綠、銀白、金黃、淺紫五色，我住的是玫瑰樓，全部顏色都是玫瑰色的。每天清早拉開窗簾，一片碧綠的湖光映入眼簾，真使人有身在仙境之感。一對在美國讀歷史的沈先生夫婦，曾去威校念過一期暑期班，參觀過我的宿舍之後，稱讚那是水晶宮，說我們這些在裡面的女孩子都是人魚公主。我到了那裡之後，感到身心舒暢，比初臨華府的生活可愉快得多了。

我在威校也是先念暑期班的。六月中到，六月下旬就在八個星期的暑期班註冊。我選了兩門功課，一門是政黨政治，一門是美國政治思想，後一門是系主任高斯先生教的。高教授最佩服美國的一位思想家亨利亞丹姆斯，上第一堂課時他寫給我們幾本參考書，其中之一就是《亨利亞丹姆斯的教育》。坐在我旁邊的一位美國同學悄悄的告訴我，此老對這本書有偏愛，將來考試時他必有題目出在上面。我想給他一個好印象，回宿舍後就去看那本書，並且一連看了三遍，三個星期後，高教授給我們來了一個閱讀測驗，果然，他要我們提出五十個與亨利亞丹姆斯有關係的人名並略加說明，我一口氣把五十個人名都答上了，並且舉出了每人與亨利的關係。第二次他來上課時竟把我稱讚得上了天，他說，在他所教過的學生中從來沒有一個人答得這麼完滿的，而我以一個外國學生居然做到了，可說是個奇蹟！俗語說好的開端便是成功的一半，從這次以後，這位老教授就對我另眼相看，我的碩士論文和博士論文都是他指導的，從那年秋季開始我每學期都得到學校的研究獎學金，這獎學金使得我不必為生活問題發愁，尤其是在珍珠港事變發生之後，家鄉接濟斷絕，如果不是這個獎學金，不知道我又怎樣能那麼順利的完成學業呢？

珍珠港事變就是在那年冬天發生的，那是十二月七號的早晨，我先聽到這消息是早上九時在飯廳。那天剛好是星期天，大家都起得比較晚，我和幾個同學在餐廳吃完早點後，仍沒有走開，三四個人圍著一張桌子在聊天，不知是什麼人走去打開了收音機，忽然一個粗重的聲音從收音機裡放出：「今天清晨日機偷襲珍珠港，我艦損失慘重，總統已經要求國會召開緊急會議，宣布對日宣戰！」這消息一出來，大家都愣住了。

「什麼？日本偷襲珍珠港？那個叫什麼栖的日本和平專使不是在這裡嗎？那是不可能的，不可能的！」一個大四的女同學發生疑問。

「日本人是強盜、騙子，白宮的羅老先生太老實了，竟受了他們的騙！」另一位研究生叫著。

「好，凱塞琳，現在我們可真是同盟國了，想不到日本天皇竟也看上了我們！」我隔壁房的好友珍妮帶點諷刺的口音看著我說，顯然這一個意外的消息把大家的愛國心都喚起來了，她們一個個都感到憤怒而驚惶。我當時也感到很意外，但內心卻有著一股自私的喜悅，第一個意念就是：「好了，這一下我們不會再孤軍奮鬥了！」但又怕人家說我幸災樂禍，趕快跑回房裡去，免得人家看到我的表情而誤會了我的意思。

事實上珍珠港事變對我個人並不好，不但家信斷絕，接濟斷絕，南兄的信也不來了。本來他的信就不多，並且每封信都寫的很短，常常是看來厚厚的一封信，裡面卻只有兩張很厚的信箋，一張信箋上不過三、四行，他素來是不管平信或航空信都是用那種厚信箋的。不過對我而言，只要是他的信，哪怕只有一句話我也就得到很大的安慰了。現在香港給敵人占領了，航運斷絕了，就連那麼三、五句話也讀不到了。我的心情一天比一天的沉重，到了第二年五月底，我得到碩士學位之後，很想即行回國，到華盛頓去請蕭先生替我打電報去請老師幫忙，但得到的回音是叫我繼續求學，暫時不要回國。

不得已，只好回去念博士學位，好在那裡還有四個和我一樣從國內去的中國同學，大家在一起倒也有個照應。這四位同學中兩位是男同學，范君和歐君，他們都是在農學院研究植物病蟲害的，年齡比我大得多，在國內都有妻小；兩個女同學一個是安娜梅馬，一個叫葛萊絲關，馬小姐是上海人，身段小巧，眉目清秀，可惜有一對很粗的小腿，她平常穿著很長的旗袍，美國同學們看她天天穿長袍爬山坡很不方便，都替她著急，有一天一個我隔壁房間的女同學對她說：

「安娜梅，你穿這麼長旗袍走路多不方便，我看還是把它剪短一點吧！」

安娜梅說：

「不行，我穿短旗袍太不好看了。」

「我不相信，你樣子這樣細巧，穿短旗袍一定更活潑可愛，來，你把旗袍拉上五吋讓我看看。」

安娜梅最初不肯，經她再三催促只好把旗袍往上提，那位女同學看了之後，笑著說：

「我看不剪短也好，可能你們中國小姐穿長旗袍更文雅。」

關小姐是廣東人而生長在上海的，從小就被父母送在美國學校讀書，因此英文很好，中文卻只會寫自己的名字，當她有一次去芝加哥玩時碰見一位四川的同學，那位同學竟對她一見鍾情，等她回威校時，給她一連來了幾封情文並茂的中文言，葛萊絲沒有辦法，只好找我讀給她聽。我叫她自己用英文覆他信，但那個男孩子卻頗為固執，不但自己繼續給她寫中文，並且要求葛萊絲也覆他中文信。她沒有辦法，只好請我代勞。這一來我和她就自然而然的成為密友了。

由於這些中國同學在一起，雖然想家，日子倒也不難過；同時，偶爾在報上或國內來人中，我也還可以聽見南兄的消息；美國副總統威爾基曾經在他環遊世界的旅程中到過重慶也到過西北，在他〈世界一家〉的那篇報告中有一段關於西北的報導，上面明白的提到南兄的訓練工作和他的成就，他說沒有想到在西北的一隅，竟發現了一個規模那麼大，人才那麼多的訓練基地，而它的司令官又是那麼一個有才能有抱負的將領；另外一位美國記者也發表了一篇訪問西北的報導，他說中國的西北是人才的倉庫，支援西北、華北各戰場基地和幹部的儲備所，他分析當時的戰局，認為西北是拱衛陪都重慶的主要門戶，西北有失，則大局將不保，幸而守西北的是一位有超人智慧和鐵一般的意志的將軍，日軍要想渡黃河絕非易事（後來事實證明他的判斷沒有錯，八年抗戰，南兄率部固守黃河，敵人未越潼關一步）。這些消息都給我很大的安慰。

但是我的生活是緊張的，考了一門又一門，過了一關又一關，這其中還因蒐集論文資料，去到威斯康辛州和明尼蘇達州交界處的安梯谷鎮住了四個月。到了一九四四年的春天，終於到達了最後的一關——論文口試。這個口試是由七位資深教授所組成的論文考試委員會負責的，七位教授中有我的導師高斯——他是主席——副科導師柯柏，和世界聞名的比較政治制度泰斗歐格教授。口試時間是半天，從那天早上九時一直問到十二時，三小時中，每一個考試委員都提出許多問題，有些相當容易，有些也很艱深，我總算大部分都回答得很詳細，最後，我的導師高斯教授微笑著向我說：

「葉小姐，假如我們再給你一個學期或一年的時間，你認為你的論文哪些地方還可以加強，哪些地方可以修改的？」

我想了一下，很誠懇的回答說：

「高斯教授，我認為我已盡了最大的努力撰寫這篇論文。在目下，我想不出，還有什麼部分需要再花一年半載的時間去加強的。」

這回答一出來，七位教授一齊大笑起來，於是主席宣布考試結束，把我請出門外。十分鐘後再開門出來，我的導師先向我握手致賀，那位白髮蒼蒼又高又大的歐格教授接著走到我面前，口裡叫著：「好極了、好極了。」熱烈的抓住我的手不放。這些老教育家的態度是那麼的慈和謙沖，他們對我這麼好，使我感動得熱淚盈眶，二十多年的苦讀，五年來孤苦奮鬥的辛酸，都與那喜樂之淚一同流出來了。他們這些老教授的榜樣我將畢生仿效，他們給我的教導我會永世不忘！

到了這個時候，我雖已歸心似箭，水晶宮雖好，我也絕不留戀了。第二天即收拾行李，辭別師友回到華盛頓。在那裡靠中國之友，美國海軍少將梅樂斯將軍的協助，在美國海軍開印度的運輸艦上得到一席地，於五月底從諾福克海軍基地上船，出巴拿馬運河，經好望角，過紅海而到達印度的孟買，從那裡登岸乘火車到加爾各答，再乘機返重慶。當飛機衝破雲層升上駝峰時，我俯視著下面飄浮著的朵朵白雲，默默的禱告上帝說：

「上帝呵，祢已祝福了祢的女兒，這些年來祢都在照顧了她，現在請祢讓這個戰爭快些結束，讓她的生命也能撥雲霧而見青天，早日到達那幸福的彼岸吧！」

黎明前後

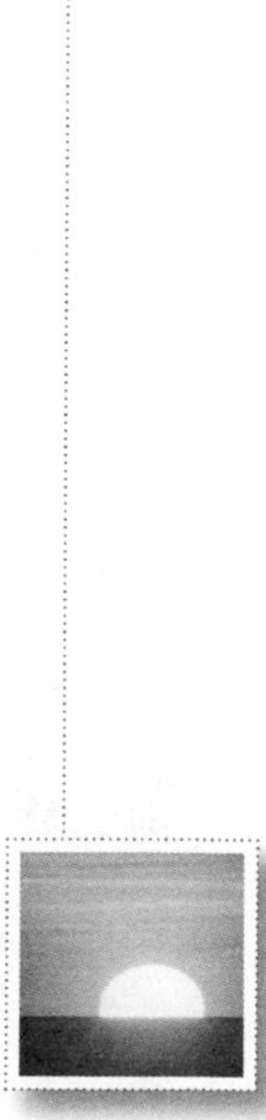

黎明前的時光最是黑暗，黎明前的黑暗最是難耐。一個人的成功與失敗，一場戰鬥的勝利與失敗，關鍵往往就在是否能撐得住這最黑暗的一刻。

我漂洋過海，越野翻山，萬里奔波回到祖國的時候就是在這黎明之前。當飛機飛抵重慶珊瑚壩機場時，我所盼望的歡迎場面並未出現。不但南兄無代表到來，連我的好友、家人都不在，雖然機場檢查站外站著密密的一排人，放眼看去卻沒有一張我所熟悉的臉孔！失望之餘，我只好黯然地提著沉重的手提包跟著其他旅客步下機梯，就在我的腳跨下最後一級階梯時，卻見一個人連走帶跑的向我走來，仔細一看，原來是郭先生。

「呵，葉小姐，你好，今天飛機早到十分鐘，我剛接到電話就跑來了。」他一邊喘氣一邊說話，五年不見，他比以前胖了許多，兩鬢已經有點斑白了，但神態還是那麼的爽朗。我問他我家裡的人是否都好，他們為什麼不來接我？他說我大哥已經出差去了，印度的電報到得太晚，可能他們來不及通知我嫂子。我問他老師在不在重慶，他壓低聲音對我說：

「最近時局很緊，他已經出門一個月了。」

我心裡想，莫怪南兄那裡無人來，根本沒人去告訴他我回來的消息呢。

郭先生陪我去檢查站拿出行李，我們一同走上那狹長的石級，一到上面，眼界豁然開朗，別來五年的山城，雖曾屢次被炸，但機場上面這條街道竟是寬敞平坦多了。綺嫂住在棗子嵐埡，離機場不遠，郭先生有一輛吉普車，坐吉普車去幾分鐘就到了。那是一個大宅院，大門裡面有好幾幢房子，綺嫂住的就是進門左前方的那幢樓房的二樓，車子在大院門口停下，郭先生就急忙的跳下去，在那幢房子的樓下大叫著說：

「葉太太，快來，你妹妹回來了。」

「什麼？我妹妹回來了？」樓上馬上傳來綺嫂的疑問聲，我不等郭先生回答就先自己朝向樓梯跑，才到半路綺嫂也跑下來了，姑嫂倆在樓梯的轉角處撞了個滿懷，我叫了聲「嫂嫂」，她叫了聲「二妹」，兩個人就緊緊的抱在一起了。她一邊緊緊的抱住我，一邊問著說：

「二妹，你怎麼不打個電報回來呢？」

「我打了的呀！不然郭先生怎麼知道來接我呢？」我回答說。

「那麼他們為什麼不告訴我呀？你知道我們等你已經好幾天了。」

「好啦，好啦，一切都上樓去說吧，你們在這裡聊天，教我把這箱子往哪裡放呀！」郭先生在我背後叫著，原來我們因為太興奮了，竟站在那裡忘記了上樓，給他這一催，大家才笑著跑上樓去。

綺嫂住的是前面的兩間半，外面一間的門就開在樓梯頭，一上樓就到了。這間是臥室兼餐室，裡面一間較大，大約有六坪大小，是綺嫂的臥室兼客廳。床擺在裡面一邊，靠窗的一面擺著籐椅、茶几之類的客廳家具。靠床的那邊有個小門通到後面，是行李間和女傭的臥室，另外有門通至外面。

我一走進綺嫂的臥房，就看見那大床上躺著一個小嬰兒，那一定是我唯一的小侄女，四個月大的麗兒了。我連忙跑過去看，她真是個可愛的小東西，一張比蘋果大不了多少的臉配著極端正的五官。眼睛圓而亮，鼻梁高而直，小嘴脣有點上翹像個小菱角似的，只是臉色很蒼白，使人一看就自然起憐愛之心。我俯下去吻著她的額頭，吻著她的臉頰，心裡充滿著憐惜與感慨，想著我們家下一代還只有她這麼一個小寶貝。我問綺嫂她為什麼長得這麼小，臉色這麼蒼白。綺嫂嘆口氣說：

「奶不夠呀，我自己沒有奶，買奶粉又不容易，走私貨的克寧奶粉要四千元一罐，還常常買不到，沒有辦法，只好給她吃點米湯充饑。」

我是個剛從那牛奶像米湯一樣便宜的國度來的，絕沒有想到嬰兒會沒有牛奶喝的事，這時才知道國內物資缺乏和物價的高漲，相信其他方面一定更困難了。

郭先生在我們那裡坐了一會兒就告辭了。我謝謝他，並請他代為打個電報去報告老師。

第二天住在江北的蘭姊也得到消息趕進城來了。這時她已和魏先生結婚，並且已經生了一個兒子，取名虎兒，我們兩人相見，又哭又笑的鬧了半天，好友重逢有說不盡的離情別緒。談了很久之後，她悄悄的問我：

「西北方面知不知道你回來了？」

「不曉得他知道了沒有，在印度時我是托陳先生代為拍電報給老師的。」我這樣回答。她皺皺眉頭說：

「可能還不知道，你曉得最近前方很緊急，他那邊情況更壞，洛陽曾經一度失守，洛陽一失，關中就受威脅，最近潼關情況也很危急，如果潼關不保，重慶也就危險了。聽說這幾天他正調兵遣將主動出擊，目下正在全線激戰中。」

魏先生所負的責任是有關軍事電訊的，蘭姊的消息當然是最正確的了。想不到我萬里迢迢趕了回來，卻正當這個危急存亡的關頭，也許我的回來可以給他一點精神上的鼓勵，想到這裡就立刻起草了一個電稿，請蘭姊帶回去順便發出。

這時是民國三十三年的六月，正是那著名的中原會戰時期。洛陽淪陷以後，日寇以山地兵第一百一十師團為主力北自盧化鎮，南至西峽口窺陝，秦嶺以南夫婦峪地區都已發現敵跡，幸虧南兄立即主動出擊，以靈寶為主要戰場與敵決戰，苦戰將近一月，才於七月初旬獲得第一次的決定性勝利，以後又先後在閿鄉、盧氏、西峽山、淅川擊破敵人主力，敵勢受到重大挫折，潼關局勢才穩定下來。

在七月中旬的一個早晨，我正在讀著報上有關西北戰場的消息，以及此次勝利後陝西民眾代表谷正鼎先生、婦女代表皮以書女士等去前方祝捷獻旗的情形，想到這段時期他也許會來重慶一趟。忽然電話鈴響了，綺嫂拿下聽筒一聽說是找我的，我接過來聽，對方卻是個陌生的男子聲音，我問他是誰，他說姓徐；我問他找我有什麼事，他說：「您知道葉重慶先生嗎？」我幾乎要說不知道，忽然想起五年多以前我和南兄作別時，曾經約定以後不論在怎樣的情況之下見面，聯絡時就以當地的地名作記號，這位葉重慶先生可能就是他，於是就回答說：「知道的，你找我有什麼事？」他說：

「他已經來重慶了，很想和您見見面，假如您有空，我就來接您好嗎？」

我想這大約不會錯的，實在我等他等得很急了，不論怎樣還是去見了再說，就答應他請他馬上來接。

綺嫂聽說他來了，也替我高興，因為自從我回國以來，看他那邊沒有動靜，她心裡早已著急了。本來對於一個分別五年多的男人，除了我以外，誰會對他有堅強的信心呵！這時，她也忙忙亂亂的替我找外出的衣服，張羅洗臉水，走進走出，很是興奮。當我打扮整齊時，接的人也到了，女傭先遞進一張名片，果然，他就是西北方面駐渝的辦事處長。

他告訴我葉君在南岸等我，我就和他一同乘車到江邊，然後渡江到南岸，上得岸去，走了約十分鐘光景，來到一個有圍牆的宅第，他說到了，就伸手去敲門，才敲了一下，院門就自裡開了，可見裡面是有人等著的。我們走進院子，穿過一條石子鋪的小徑，就到二門，徐先生讓我走，當我推門進去時，我那位將軍正走出來，兩人一見，立刻就抱在一起，誰也顧不得後面是不是有人了。這麼悠長的別離，這麼深遠的思念，這麼難耐的等待，這麼磨人的盼望，當到頭來終於相見時，怎麼還能矜持呢？最初我們兩人都很激動，過了好一會才平靜下來，於是他挽著我坐在一張長沙發上，讓我的頭靠在他胸前，這時我什麼話都不想說，只是靜靜的倚靠著他，感到心滿意足。

我被留在那裡吃飯，席間，他問到我在美國生活的情形。本來我是打算埋怨他幾句的，但到了那時我卻挑著有趣的說，不想給他聽到任何不愉快的話了。結果一頓飯吃得很快樂。

飯後，他才提到嚴肅的話題，他說前方情勢還是很緊，他那邊雖然已獲得第一回合的勝利，但問題仍未解決。說到將來局勢的演變時，他以炯炯的目光看著我說：

「你知道目下的情況雖然惡劣，但我們必須在沒有辦法中想出辦法，我的部隊是只許勝利不許失敗的。」

於是我問他：

「那麼你看這戰爭什麼時候可以得到最後勝利呢？」他回答說：

「這當然要看各方面的情況，不過據我判斷，不出明年春天，敵偽就會撤退的。」說到這裡他向我看看，又補了一句：「自然在這以前我們將有一段艱辛的日子。」

我想他是向我示意，要我繼續的忍耐，繼續的等待。果然，他停了一會就轉過話頭來問我了，他說：

「你有什麼打算？準備到那個學校去教書？」

原來在我回國以後，我母校的薛教務長和謝副教務長已經有信給我，要我回母校去教書，同時中央大學政治系也曾透過我一位學長，約我去教一、兩門功課。我因自己的私事沒有決定，所以沒有給他們肯定的答覆。這些事在給他的信上我是曾經提到過的。現在，從他的問話裡，我已聽出他的意思。為了表示我的堅強，也為了減去他的精神負擔，我很大方的回答他說：

「當然是去教書。我決定去成都，那是我的母校，我是義不容辭的。」

「那很好，成都環境簡單，你又是舊地重遊，這對你很適合，就去那裡教一年書再說吧。」

這樣總算把我的出處暫時決定了，但這並不是我所願意的。

這次見面的時間很短促，但對我們都很重要，因為這證明無論時間或空間都隔絕不了我倆的感情；相反，別離愈久，戀慕之心愈切，相知愈深。他回去之後就寄了兩首寄懷的詩給我，將它抄錄於後：

八年歲月艱難甚，錦繡韶華寂寞思，
猶見天涯奇女子，相逢依舊未婚時。

縱無健翮飛雲漢，常有柔情越太華，
我亦思君情不勝，為君居處尚無家。

從這兩首詩裡也可以看出他對我的情意的深厚堅定了。

我於九月底從重慶坐成渝公路長途汽車去成都，路上走了兩天兩夜，半途的客店不但沒有比我出國之前進步，事實上好像比從前更亂更髒，夜裡幾乎無法入夢。第三天到達成都，我就直接坐黃包車到草堂寺母校，別來五年多，校園的樹木長大了，學校的房舍變舊了。我最先去見薛老師和謝老師，兩位老師都熱烈的歡迎我，薛老師的眼睛患青光眼，已幾乎看不見了。他一看見我就拉著我的手緊緊不放，口裡感慨的說：

「××，你能回來教書太好了，我們聽說你回國了都很高興，但又怕你不肯回本校來任教。你肯來就可見你對母校的愛護。你看我們都老了。校務要靠你們年輕的一代多多負責。」

老師的話使我很感動，心裡暗自慶幸自己作了這個決定。謝老師那時雖是副教務長，但因薛老師的眼疾關係，大部分的教務都是他負責的。他是我以前的主要老師之一，教過我好幾門課，所以對我更是親切。當我在和薛老師談話時，他已一面吩咐總務處的職員為我準備宿舍，一面派人到家裡去請師母備飯，要我到他家去吃這回校後的第一餐。等到總務人員把我的行李安頓好，他就引導我到他家去。

謝師母是有名的湖北美人，我出國前曾經看見過她的。這次相見雖然覺得比以前略為清瘦，但風韻神態依舊。她一看見我去就伸出兩隻手來歡迎我，口裡連說「歡迎、歡迎」，態度親切而誠摯，接著他們的小孩也一一的出來相見。每個孩子都長得很好。最小的一個只有四歲多，是我出國以後生的，長得尤其可愛：那個小圓臉真像個蘋果，兩頰紅紅的；有一對又圓又黑的大眼睛；說話聲音又輕又脆，像小鳥唱歌似的；笑起來一排又白又細的小牙齒在那小嘴裡閃閃發光。她好像和我特別有緣，一看見我就靠在我的旁邊不肯走開了。吃飯時她就要和我坐在一起。那天謝師母為我準備了好多菜。師母的菜也是有名的，特別是她的珍珠圓子，沒有人吃了不讚不絕口的。吃飯時師母不斷往我碗裡添菜，小妹也踮著腳站起來為我夾菜，使我感到又溫暖又喜悅，真像回到自己家裡，在母妹當中一樣。

真幸虧有謝老師和師母一家對我這麼好，不然我那一個學期的生活將更難過。本來我是不重視物質的享受的，但生活環境的驟然改變以及精神上的苦悶，身體上的疾病，使我感到那一段生活很難忍受。我住的屋子是在舊教室後面的一間單獨的房間，本來是用來作堆棧的，因為單身女教職員宿舍沒有空房間，總務處臨時騰出來給我住的。這房間上無天花板，下無地板，每塊泥磚地的縫裡都長著青苔，有的還長著小草；窗子是木格子糊綿紙的，有些格子的綿紙已經破碎；裡面的家具只是一張木板床，一張小書桌，一把木椅子，和一個擱箱子的肥皂箱；照明用的是一盞二十五支光的電燈。房子外面是一片荒草，到了夜裡外面是秋風蕭瑟，秋蟲唧唧，裡面是一燈如豆，潮氣襲人。初到的那一夜，我一個人獨坐桌前，思前想後，念及自己自十五歲離家求學，十多年來，走遍天涯，如今學成歸來，年將三十仍然是孑然一身，而國事艱難，戰亂未已，瞻顧前途，渺茫遙遠，愈想愈覺淒涼，不禁伏案飲泣。

居處如此，吃飯更成問題，我對於炊事本來就是外行，而這裡既無烹調設備，我也沒有燒飯時間，所以只好在外面小館子包飯，誰知我這個人不怕吃苦，雖然住慣了水晶宮，但也可以住草房；我這個肚子卻不爭氣，對於校外館子的油膩與蒼蠅竟不能妥協，結果從第二天開始就鬧肚子，一天厲害一天，一個星期下來已經是有氣無力難以支撐了。進城去看醫生，醫生給我開腸胃消炎片，但那時的消炎片是最新最貴的藥品，那是從昆明走私進來的，沒有辦法的人很難買到。我好不容易托朋友買到幾顆，把病治好，但不到幾天又犯了，只好又想法子買藥。就這樣治好了又病，病了又找藥，日子就在這半病半好的狀態下過下來，兩個月以後已經被折磨得兩眼深陷，面無血色，體重減輕了二十磅。同事們看見我這個樣子，都說是因為我剛回來水土不服的緣故，但我自己知道如果吃飯問題不改善我的病是不會根治的。湊巧有一天在校門口碰見謝師母，她看見我那憔悴的樣子吃了一驚，問我為什麼會這樣消瘦。我就把過去兩個月的情形告訴她。她聽了之後，半晌不語，後來像下了很大的決心似的，對我說：「我看你就在我家吃飯好了，我們的菜雖不好，但總比外面包的伙食要乾淨。」謝師母的盛意使我深受感動，但是我知道她家的經濟情形並不好，這麼一大家人，就靠老師的微薄薪金過日子，維持自己一家人已經不容易，怎麼還能加上個食客呢？所以當時就回答她說：「謝謝師母的好意，我最近已經好了，我想這麼久的日子下來肚子已經可以適應了，請師母放心。」她當時沒有再說什麼，但到了吃晚飯的時候，小妹卻來叫我了。我告訴她我已經吃過飯了，請她回去謝謝媽媽。可是她說什麼也不肯走。她說如果我不跟她一同去，她就不回去吃飯了。我實在拗她不過，只好跟著她去。從此我就在謝老師家搭伙，而我的腸胃病也就好了。

生活如此，工作也不輕鬆，本來專任教授的授課時間，每星期九小時也夠了的，不幸有一位教高年級國父思想的教授臨時離去了，學校一時請不到接替的，謝老師就要我多教一班，我因師命難違，只好答應下來，於是每星期一、三、五三天每天要教四小時的課，而四門功課每門都得準備的，因此，除了授課之外，剩下的時間就是看參考書，編講義，幾乎天天要忙到深夜。以前在美國時埋怨功課太忙，如今作了老師才知道教書更忙。這一段時間，對於我的體力、心智都是一種艱苦的考驗。但我所遭遇的還不止此，這時的時局也很緊張，本來敵人在我國戰場上的泥足已愈陷愈深，同時在海上的情況也很糟，他們的海軍力量已幾乎給美國海軍整個摧毀，在東南亞各地，他們也在節節後退中，但那些執迷不悟的日本軍閥卻仍不知死期已近，為了挽救面子，竟不顧一切地想在我國戰場上作孤注之一擲，在西北、西南都展開了困獸之鬥，十月、十一月之間西北各線戰事都很激烈，南兄坐鎮前方親自指揮所部力戰，常常幾夜無眠，因此我們之間的音訊也少通問，為了他我內心更是惶急不安。

另外，在西南方面，敵人也很凶猛，打昆明，攻貴陽，最後竟占領了獨山，直接威脅陪都重慶，造成八年來最危險的局面，我雖安居後方，心裡也很著急，我們的命運和國家的命運是一致的，如果國家完了，就什麼都完了。

早些日子，南兄曾經和我約定，最遲在十一月中旬，他一定會來成都看我的，結果他無法抽身，於十一月二十號給我一封明碼電報，上面說：「某日兩函均悉，戰事緊急，一時未克抽身，萬希原諒。一待勝利，即當前來奉候。」兩天以後，又不知托什麼人送來一束鮮花和一對鋼筆，在鋼筆盒裡附有一張便條，上面寫著：「千言萬語都讓它代我訴說。敬祝愉快。」

對於他的不能踐約，我無怨言，對於他這種百忙中所表達的關懷更使我感動，但我內心的鬱悶並沒有因這一束鮮花和一張便條便已消解，命運之神所加於我的阻難真是特別多，愛情的滋味本來不完全是甘美的，但像我所嘗到的這樣苦澀恐怕也很少見。

幸好到了十二月一切情況就慢慢的好轉了，十二月初旬獨山收復，西南局勢逐漸穩定，西北各線的敵人也前後被擊退，河防已無問題，至此舉國上下的心情才略為輕鬆；到了那年的寒假，最黑暗的時期總算已經過去。

在舊曆年前的一個嚴寒的日子，南兄終於到成都來了，這是我回國後第一次和他在成都見面。這次，我的身分已經由學生升為老師，他來草堂寺可以不必經過門房而直接來敲我的房門了。那天因為天氣太冷，我的房裡又沒有生火，冷氣從四面八方襲來，我坐在那裡看書越看越冷，後來實在受不了就索性把棉被拉開來，坐在被窩裡去看書。當我正感到四肢慢慢暖和，可以全神貫注在書本上時，門外響起了敲門聲。那時是寒假期中，學生都已回去，我還以為是謝家的大孩子來叫我去吃飯，就懶得下床，對著門大聲的叫著說：

「是大經嗎？門沒有關上，你進來好了。」

於是「砰」的一聲，門被推開了，笑嘻嘻的站在門外的，不是大經而是我那日夜懷念的軍人。他還是穿著那套灰色中山裝——那件好像永遠都不會破舊的中山裝，手裡拿著一束蠟梅，門一打開香氣就往我的鼻孔直鑽。我抬頭一看是他，一下子變呆了，竟忘記了下床迎接。他看我坐著沒有動靜，笑著問我說：「我可以進來嗎？」經他這一問，我才如夢初醒，口裡回答：「當然可以。」兩隻腳才慌忙踏下地來。

我問他怎麼會忽然跑來的。他說因為一連熬了幾天夜，火氣上來，整口牙齒都腫了，特別請假來醫牙的。我一聽不禁笑著說：「原來又是來醫牙的！我真高興你的牙病又發了。希望你以後多病幾次牙，以便我能常常看到你。」他也笑著說：「好狠心的小姐，你這不是把自己的快樂建築在別人的痛苦上嗎？」我回答說：「當然，人是自私的，你不痛苦我就痛苦了呵！」聽我這麼一說，他趕快走過來握著我的手說：「說真的，霞，我真是對你不起，你能夠原諒我嗎？」

「不原諒我又能怎樣？可是你要我原諒你多久呢？」

他半晌無言，我也不再說什麼。

這次他在成都住了一星期。

他離去之後，過了年我就搬到華西壩去住了。原來在第一個學期快結束時，金大的柯教務長來草堂寺看我，約我到金大去任教。我對他說我是光華畢業的，不好意思辭掉此地的教職去別的學校任教。他說我可以不必辭，兩邊兼顧好了。起初我覺得不大好。等到向別人一打聽，才知在那個時候幾乎每個教授都是同時兼任幾個學校的教職的，愈是名教授兼得越多。一個人同時兼幾個學校的課自然是很辛苦，但主要的原因是那時的大學教授待遇很差，只教一個學校，收入不夠養家。記得當我拿到第一個月薪金時，我把全部的錢寄去重慶請綺嫂替我做幾件藍布衫。半個月後她寄來兩件藍布衫和一封信，信上說：「你寄來的錢剛好夠買一件藍布料子，另外一件是我以前存的，至於工錢為數不多我替你代付了。」

看了這封信我曾經慨嘆地對一位朋友說：「如果人家問一個大學教授何價？我的回答是一件藍布衫！」

一個大學的專任教授薪金既然只能購買一件藍布衫，教三個大學也不過值三件藍布衫，在這種情形之下，還有誰會去責問那個兼任幾校教職的窮教授呢？我明白這種情形之後，也就欣然的接受了柯先生的邀請，答應去金大任教。後來在他送聘請書給我時，發現我的房間太潮溼了，就提議我還是搬到華西壩去住，因此在第二個學期開始我就搬去了。

其實金大在華西壩也是作客，那是華西大學的校園，因為同是教會學校的關係才借住在那裡的。我住的那間房間並不大，但是有地板，有玻璃窗，有衛生設備，比較我在草堂寺的那間是高明得多了。

這時已是民國三十四年的春天，從這時起好像一切都在好轉，不但國內各戰場一律打勝仗，我遠征軍且已打通中印公路重新開拓了國際通路。而歐洲戰場則已勝利在望。繼義大利的墨索里尼投降不久，希特勒也因盟軍兵臨城下，確知勝利無望而自殺了。在歐洲戰事已告勝利結束之後，美國人眼看他們在歐洲的弟兄已在紛紛作歸計，對於遠東的戰事也不想再拖延了，就毅然決然的在日本的廣島和長崎前後丟下了兩顆原子彈，一下子殺死十幾萬人，至此日本朝野都覺醒了，他們明白不但所謂大東亞的迷夢已做不成，如再打下去恐怕要亡國滅種了。於是日本天皇於八月十四日那天正式向全世界廣播，願意接受波茨坦宣言，向盟軍無條件投降。在我政府表示接受日本投降要求之後，日軍在我國各地立即停止敵對行動。最後總統派何上將為代表，於九月九日在南京受降，南兄等幾個戰區司令長官分別在各指定地點分區受降。八年的艱苦抗戰終於獲得最後的勝利。當日本宣布無條件投降的時間，綺嫂帶著麗兒和我一同在成都。她們是七月初來的。因為到了那時離我回國的日子已有一年多。在重慶有許多人是知道我和南兄的關係的，最初他們以為我一回來就會結婚的，但日子一天天過下來，我的喜訊始終沒有傳出，他們從期待變為懷疑，又從懷疑發展到散播謠言的階段了。許多自以為關心我的朋友紛紛到綺嫂面前去說閒話，有的說南兄變心了，有的說他從開始就是對我無誠意的，有的說當我在國外時他就已經有別的對象了。綺嫂自然不會相信他們的謠言，但聽多了總不好受，於是就寫信和大哥商量好，決定帶著女兒到成都和我一同度暑假。本來一年來的孤獨生活我已經有點害怕，她母女能來我自然高興極了，所以就在城內一個朋友處借到兩間房子和她們一道住在那裡，姑嫂三人相依為命。

日本投降的消息傳出的那晚，我們姑嫂正在燈下下跳棋，當兩人各自在聚精會神地計算著怎樣一下可以跳出四、五步的時候，忽聽得門外人聲鼎沸，鞭炮聲大作，起初還以為是附近人家做喜事，後來聽聽好像到處都在燃鞭炮就覺得奇怪了，綺嫂就說讓她出去看看。她去了一會兒，就急急的跑回來說：「二妹，日本投降了，我們勝利了！」

「真的嗎？」我馬上從椅子上跳起來。這時隔壁張家母子，後面徐君夫婦都到我們這裡來了，大家都興奮得不得了，有人提議喝酒慶祝，大家一致附和，就各人湊了一點錢由張家弟弟去買酒和滷菜。一會兒酒和菜來了，大家就你一杯我一杯的慶祝起來，像我這樣從來不喝酒的人也喝醉了。

第三天，我們就飛回重慶了。接著大哥、二弟、三弟，都從不同的方向回到重慶團聚。在最初的幾個星期大家著實高興了一番，但等到興奮的高潮都過去之後，等到許多下江人都已擺地攤賣完了破爛東西紛紛飛返家鄉的時候，我們才開始奇怪怎麼南兄還不來實踐諾言。我曾寫過幾封信去試探他的意向，他來信都是顧左右而言他，這卻使我迷惑了。直到有一天，大哥一位朋友從西北回來，我們才知道他的處境是那麼的為難。那位朋友是知道我和南兄的關係的，他以為我對西北的情形一定很清楚，所以一見面就很自然的問我說：

「葉小姐，你們學校什麼時候復員？」

「還早呢，大約要到明春了。」

「那麼你還要回成都了？」

「是的，下個月開學就要回去。」

綺嫂聽了我們的對話覺得有點奇怪，就插進來問那位朋友說：

「張先生，西北的情形怎樣？那裡也在準備復員吧？」

「復員？才不知等到何年何月呢！」說著他向大哥看了一眼，壓低聲音說：

「怎樣你們不知道？那裡的情形糟透了。這邊日本才投降，那邊土匪已在到處挑釁了，這還不說，上面命令叫去的地方，人家竟拒絕我們的部隊去。現在北方的情形已經非常危急，上面叫趕快派部隊北上，而所到之處又阻礙重重。那些老軍閥已在用各種名義組織投降日軍，我們奉命去繳械，事實上卻一枝槍都拿不到手。胡先生急得像熱鍋上的螞蟻一般，情勢如此又有什麼辦法？現在中央還有許多人在為土匪說話呢！」

聽了他的話使我涼了半截，真是一波未平一波又起。如此下去，我們什麼時候才能團聚？於是我問他是不是就要回去。他說：「不回去怎行？現在大家的眼睛都在看著那邊了。」說著從西裝袋裡抽出一本雜誌，指著上面一個題目對我說：「這是朱經農先生送胡先生的詩，你讀了對目下的情形也會了解一點了。」我接過來一看是一首七律。原文如後：

年來常抱憂時意，歌頌聲中一惘然，
海上風雲觀世變，耳邊和戰警愁眠；
天山時見南來馬，遼瀋空歸北去船，
聞道龍城有飛將，可能萬里靖狼煙。

自從張先生來過之後，我對報上的新聞更加注意了，從字裡行間，慢慢的覺察到那裡的情況果然惡劣，看樣子南兄果真一時無法走開了。

實際的情形如此，但一般人是不了解的，那些對我關心的人，又開始在預測著我的結婚日期。他們說，抗戰期內既不結婚，現在抗戰勝利總應該結婚了吧？難道他要你等一輩子嗎？過了些日子，他們看看他們仍無動靜，有人就向大哥提議，教我死了這條心，不要把大好青春虛度了。我知道之後，又氣又恨，覺得人的嘴巴實在太可怕了。有一次蘭姊請我吃飯，座上除了我和蘭姊外都是男客，其中有幾位是不認識的，席間不知是誰忽然提到南兄，於是大家就拿他做談話資料了。有人問：「他今年多大了？」旁邊的人回答：「恐怕有四十多了。」又有人問：「聽說他到現在還沒有結婚，真奇怪。」另一人說：「這其中一定有他的道理。」蘭姊怕他們再說下去會說出更不中聽的話，連忙接下去說：「他一直在打仗，當然想不到私人的事，這並沒有什麼稀奇。」坐在她左面的一個戴眼鏡留小鬍子的人忽然哈哈大笑的說：「大嫂，這你就弄錯了，人家不結婚並非為了職務在身，而是無能為力呀！」大家一聽有的問：「真的？」有的說：「不見得吧？」那小鬍子覺得他的話很受人家的注意，就更說出許多下流的話來了。我坐在那裡，起初還能勉強忍耐，到了這時實在無法忍受了，只對女主人說了一聲：「我頭痛，要先走一步。」站起來就往家裡跑，跑進房裡就伏在枕頭上傷心痛哭。不到五分鐘，蘭姊趕來了。她對我千賠不是，萬賠不是，她說這個人是他先生約來的，她自己不認得他，早知道這樣她絕對不會請他的。後來我才知道這人本來就是一個失意的三流政客，大約是過去在西北碰過壁的。不久就聽說他加入了民主同盟，露出了他是土匪同路人的面目了。

之後不久，綺嫂先飛南京，轉道杭州回去接母親她們，大哥因公仍留重慶，兩個弟弟各回防地待命，我也回到成都繼續教書。從這時一直到次年五月回南京我都沒有機會和南兄會面，不過我們信件來往仍然是很密切的。這種情形固然是始料所不及的，我們滿以為抗戰勝利生活就會安定下來，我們也可以組織家庭過點太平日子，又誰知共匪會從此擴大叛亂並且能在蘇俄共黨支持之下，建立起相當的勢力呢！在抗戰的時候，南兄雖然要一面與日軍作戰，一面又要嚴防共匪蠢動，但因情況很明顯，問題還比較簡單，等到勝利之後，不但共匪乘機積極擴展，其他各方面的惡勢力也一齊抬頭。他們為了私人的意圖，表面上服從中央，實際上都在向共匪拉攏做著背叛中央的勾當，而他們奸謀最大的阻礙就是胡某人的力量，所以他們第一步就是要把中央軍，也就是胡某所統率的力量趕出西北。所以那時的南兄是同時在軍事上、在政治上，八面受敵，其心情之壞，任務之艱巨是非一般人所能想像的。但他並沒有因此把我疏遠了。他不但常常有信來，也常常為我寫詩，有時還給我寫英文信。有一次他想到他父親在上海養病時因他尚未結婚而對他痛責，心裡非常難過，於深夜三點鐘起來給我寫了一封長達十頁的長信，裡面有一段：「我無能為領袖分憂是不忠，尚未完成父親的遺訓是不孝，累你如此受冷落是不義，這樣不忠、不孝、不義之人你要他做什麼？」我深深的了解他的心情，我倆生不逢辰，遭到這種種阻難，誰又能怪誰呢！

到了三十五年春天，光華大學成都部分改為成華大學，由川人接辦。金大則提前於四月間結束，五月間全部復員到南京。我決定隨金大復員，就從重慶搭機直飛南京。到了南京才知道綺嫂已把母親及小弟妹接到上海，就連夜坐夜車趕往上海。當我在上海法租界一個公寓的八樓和一別十年的慈母相見時，只叫了一聲「媽媽」就倒在慈母的懷裡了。十年是多麼悠長的一段歲月，何況又經過了這麼大的動亂！十年來多少個寂寞的黃昏我懷念著家裡的慈親，多少個無眠的寒夜渴望著能有一個機會再接受慈母的愛撫。十年來，我處處裝堅強，可是我內心是多麼的脆弱，我是多麼的需要在慈母的懷中盡情一哭呵！我把頭埋在母親的膝上嚎啕大哭，哭個不停，眼淚就像急流的泉水一般無法收止。綺嫂怕媽媽給我纏得太累了，拚命在我耳邊叫著，要我忍耐，不要太任性，但是我總是停不下來。後來她在我耳邊輕輕的說：「你這樣哭，使媽媽怎麼受得了？你不看見，她已經瘦成這個樣子嗎？」

是的，我也發現媽媽已經瘦得多了。十年前，當我送她和父親上火車時她老人家是一個又白又胖的富泰樣子，現在已經變作一個又老又瘦的乾老太婆了。這十年的艱苦生活，尤其是敵人占據家鄉那段時期的磨難以及父親受磨折而死的悲傷，把她磨得變成這個模樣了。可憐的媽媽，女兒苦，媽媽不更苦嗎？

那晚我和母親睡在一床，當我睡在媽媽旁邊，把頭埋在媽媽脇下像小時候一般睡著時，媽媽撫著我的肩問我說：「霞，告訴我，你認為××絕對靠得住嗎？」我迅速而肯定的回答說：「媽，您放心，他是絕對可靠的。」媽媽輕輕的說：「這樣就好了！」

在上海玩了幾天我們就全家回南京了。我是金大的專任教授，學校給我配有宿舍的，可是過去兩年的宿舍生活使我有點害怕了，決定住在家裡，再在慈母跟前享受一點溫暖。這時大哥已替我們在吉兆營找到一座房子，雖然不怎麼寬大，但我們已經很滿意了。接著二弟、三弟也陸續回到南京。兄弟姊妹七人中除了大姊之外又都聚集母親跟前。經過了這樣大的災難，一家大小還很無恙的團聚在一起也真算幸運了。這時我的心境已比以前開朗，生活也愉快得多。我家離學校很近，幾分鐘就走到了，我有課的時候去上課，沒有課時陪媽媽聊天，日子倒也很好過。

可是南兄的日子卻不好過，這時東北的情形很壞，中央派去接收的大員，不但接收不到東西，甚至連進都進不去，俄國人搶先進入長春，把一切敵偽的設備，能搬的搬走了，不能搬的就交給了共匪，於是匪焰大熾，到處發動攻勢。西北方面，匪李先念部向前積極推進，到了七、八月間已經越過南陽新野，一部分且已竄至太華山附近。南兄率領所部奮勇迎戰，艱苦萬分，經過了三個月的力戰，直到十月才把匪的氣焰壓了下去，使西北局勢重新趨於穩定。這時他已經覺得要想國家安定繁榮必先消滅共匪，要消滅共匪必先搗碎其老巢使他失去根據地。十月中旬他對第一師第一旅官兵訓話提出三點：

（一）在三個月內我們要以鐵面、火心、鋼膽來重整紀律；

（二）在三個月內我們要臥薪嘗膽來報仇雪恥；

（三）在三個月內我們要擒賊擒王來洗雪軍人恥辱。

他對官兵的訓話並不是一種勉勵的話，而是切實的計畫，那時候他確在準備進攻延安，雖然後來因各種因素，使他的計畫緩了兩個月實現，但他還是完成了這個願望的。

十一月下旬的一個晚上，我們一家人正在客廳裡圍爐談天，忽然電話鈴響了，小弟去接聽後放下聽筒出來對我說：「葉教授，你的電話，是個男人打來的。」

我拿起聽筒一聽，居然是那個熟悉的聲音，只聽他說：「喂，我是下午剛從西安飛來的，你有空嗎？有空我馬上派人來接。」自然有空，我還有比這更重要的事嗎？放下聽筒我連忙上樓去換衣服。妹妹看我那匆忙的樣子，從後面追上來說：「姊姊，是不是那個捧玫瑰花的人打來的？」我點點頭。十年前，他第一次到上海來看我，親自捧來一盆玫瑰花的事，在我們家裡已經成為一個愉快的故事了。

這次見面在上海路，我一進去他就把我迎到客廳，在那明亮的燈光下，我發現他仍然是那麼紅光滿臉，英氣勃勃，像生龍活虎一般。他走到我面前，雙手按著我的兩肩，把我從頭到腳看了一遍，爽朗的笑著說：「沒有變，一點都沒有變！」我笑著回答：「怎麼，一年不見，你以為我會變成個老太婆了？」他說：「一年？我以為是一世紀了呢！」

我們親熱了一會兒，他就走到裡面去拿出一瓶白蘭地酒，兩個酒杯，把酒倒得滿滿的，然後對我說：「來，我們來乾這一杯！」我覺得很奇怪，過去我們從來沒喝過酒的，為什麼今天忽然要與我對飲，就問他說：「怎麼今天一見面就要喝酒，你知道我不會喝酒的。」他說：「你來好了，不喝完沒有關係，我是有用意的。」於是我只好走向前去。他把一杯酒遞到我手上，舉杯對我說：「來，我們來飲這杯酒，預祝我們成功！」我喝了一口；他卻把一杯喝乾了。接著再斟上一杯繼續說：「再飲這一杯，預祝你幸福！」把手上的酒又一飲而盡，再酌第三杯，把酒杯高高的擎在手上，兩眼發光，慷慨激昂的說：「請乾這一杯，我向你保證，我將以偉大的戰果，來作迎親的聘禮！」

對著此情此景，我還有什麼可說，舉起手中杯，一飲而盡，放下杯子，他凝視著我，我凝視著他，兩人的眼中都充滿淚光，他終於向我作最後的保證！

那是民國三十六年三月二十日，我懷著輕鬆而愉快的心情，踏著初春的朝陽去學校上課，正要過馬路時，一輛飛馳的腳踏車在我面前駛過，那騎車的孩子口裡高聲叫著：「號外、號外！」隨著他的叫聲我抬頭望去，只見他已被一個路人叫住，在向他購買。想著時間還早，也跑過去買一張，隨手展開一看，赫然竟是「國軍克復延安」六個大字。這一下我興奮極了。把那短短的消息看了又看，才知道南兄已真的完成了他的計畫，他的部隊已於三月十九日下午五時進入延安城，把匪首趕出了他的老巢了。

那天我不知道怎樣在教室裡把那三小時度過的，最後回到家裡，一家人都已知道這消息，大家議論紛紛，說個不停，打開收音機，裡面盡是報導克復延安的新聞，南兄的名字，一遍又一遍的被提起。我真開心極了，這不但是國家的大事，也是我們的大事啊！

過了幾天，南兄辦事處的徐先生來了，他帶給我一張電報，上面只有五個字：「請即飛西安」。徐先生告訴我，早上西安已來過長途電話，程先生已動身來接我，下午二時可到，他已替我們訂好明天的飛機票。

展緩了十年的喜訊終於傳來了，雖然來得這麼晚，但既來了，就是再緩一刻也嫌太久了，徐先生一走，我們一家人就亂做一堆，媽媽說要打長途電話去叫大哥來送我。時間這麼迫切又那裡來得及呢，好在有人護送，也就算了，下午我匆匆的出去買了一雙鞋子，及一些應用物品，第二天一早由三弟和蘭姊的丈夫魏先生送我到明故宮飛機場。我們到時程先生已在等著了。我們於上午九時起飛，下午二時多抵達西安，先在程先生家休息一會兒，略為梳洗，就由程先生夫婦陪同去興隆嶺，當車子駛入那古柏參天、牡丹滿園的興隆嶺大廳前時，我那位將軍已經軍裝筆挺佩帶齊全的站在那裡等候了。車子一停下來他就笑嘻嘻的前來迎接，他對我說的第一句話就是：「婚禮馬上可以舉行了。」於是挽著我走進禮堂。

禮堂裡的客人只有八位，六位是證婚人，兩位是介紹人。當我和他並肩站在那鋪著大紅桌布的桌前，在燭影搖紅下靜聽著證婚人宣讀結婚證書時，我的心充滿著愛與喜樂，當那位慈祥的老人，宣布我們兩人結為夫婦時，我輕輕的透出一口氣，呵，這漫長的一段歲月總算挨下來了，如今黑夜已過，黎明終於來到了。

甘苦之間

三天的蜜月補償了十載的相思。在那新婚的日子裡，我倆是完全陶醉在愛情的芬芳裡了。從早到晚兩個人都相依在一起，散步、賞花、品茗、論詩，他真是個溫存體貼的丈夫。他那醇厚的愛，滋潤了我的整個心靈。他的每一句溫言都會使我的心弦顫動，他的每一個眉語，都能使我兩頰泛紅，這時，我真正的體驗到「蜜月」這兩個字是如何的甜蜜！古人有「只羨鴛鴦不羨仙」的話，我們確有此感！

可惜，良辰苦短，三天的日子一下子就過去了。婚後第三天的下午，南兄進城去了一趟，回來後就對我說：「我最近要離開西安，只好明天先送你回南京去。」聽了他的話，我一時竟說不出話來，那本已掛在臉上的笑容，立刻凍結住了。雖然我早就料到我們蜜月的時間不會太久，但像這樣的短促也是沒有想到的。慢慢的，兩行熱淚從眼角掛了下來、嘴唇抽搐著，想說話卻發不出聲音，我太失望了。他看到這種情形，連忙到房裡去拿出一副撲克牌，裝著若無其事的對我說：「來，我們來玩橋牌，你昨天不是說要大贏我幾手的嗎？看你今天的本領怎樣。」我知道他是要沖淡我的離愁，雖已無心遊戲，也只好默默的在他對面坐下。

第二天，我們於清早四點半鐘起來，五點多鐘就離開興隆嶺了。那時天還沒有大亮，車子在晨霧迷濛中悄然前進。駕車的不是南兄平時的司機而是那位年輕幹練的夏參謀。夏君是南開大學畢業後又曾在美國研究電機的，他的父親是陝西的富紳，他是工業界的前輩，在上海辦有一所工業專科學校，他因為佩服南兄的為人，所以當他的這位長子學成歸國後就把他交給了南兄。南兄對這位英俊有為的青年也很賞識，任他作自己的隨從參謀，到哪裡都有他在一起，那個早晨，我實在無法掩飾這新婚乍別的苦痛心情，一路上含著眼淚，默不作聲的靠在南兄的身邊。他看我那邊難過，就故作輕鬆的說：「嗳，你看這一路的風景多美，我最愛在晨霧中散步，這朦朧的美，別有一番風味。」

聽了他的話，我勉強抬頭向外看了一眼，覺得沿途只是灰茫茫的一片，一點沒有意思，就又恢復到原來的樣子。過了一會，他又高聲的說：「看你，為什麼老是這樣悶悶不樂，你應該高興才對，你想你多神氣，有夏參謀給你開車，我給你作衛士。」這時，我才注意到原來前面的司機換了人。我怕他笑我撒嬌，只好強打精神坐直了身子，但是對於沿途的風光我仍是視若無睹，聽而無聞，直到車子進入長安機場，才勉強鎮定下來。

飛機於七點鐘起飛，下午一點鐘到達南京，明故宮機場一切如舊，而我卻換了一個身分，當那位來接我的辦事處人員，對我恭敬地叫了一聲「夫人」時，一陣羞喜襲上心頭，這十年的等待好像也不算太長呢！

回南京之初，我仍住在吉兆營的家，直到一個月後，租到上海路的房子後才搬過去住。那時我們結婚的消息仍然很少人知道。因為延安雖然克復，但土匪仍未肅清，我們不願以私事驚動親友，結婚那天南兄曾再三的要求參與婚禮的人保密。不過對於我自己的幾位同事好友我以為實在不應該再隱瞞了，回去的第二個星期天就邀請了金大的柯教務長，程文僊博士，李美容博士，陳竹君教授，燕大的吳其玉院長夫婦，以及教育界的另外幾位朋友，一同在蘭姊家聚餐，最初這些客人還不知道我為什麼請客，直到吃飯的時候，魏先生放了一張結婚進行曲的唱片，然後把我的結婚照片給大家傳觀，他們才恍然大悟，於是大家紛紛向我道賀，文僊和美容兩位，因為事先沒給她們知道，還狠狠的埋怨了我一番。不過，最後大家還是答應替我保密，等到各報登出我們的結婚的消息那已經是四、五個月以後的事了。

記得最先登載這消息的是上海的《申報》。那是一則短短的簡訊，只說胡某某已於某月在某地和金大女教授葉女士結婚。第二天，《中央日報》一位女記者，根據這則消息去金大訪問，但翻遍該校教職員名冊卻無姓葉的，於是就跑到金大向柯教務長探聽，柯教務長得知她的來意之後，笑著回答說：「我們確有一位姓葉的女教授，不過她是不是你要訪問的那位我就不知道了。」這位聰明的記者聽見他這麼說，馬上就抄了我的地址，冒充金大的學生求見。我以為真的是學生來見，立刻從樓上下來，她一看見我就遞給我那份報紙和一張《中央日報》記者的名片，我先是一驚，接著就告訴她我不知道這件事，她又問了我一些有關我在金大教書的事，最後她對我說：「葉教授，那麼我給您登一則否認的聲明好嗎？」我毫不遲疑的回答說：「那又何必呢！」於是她笑著說：「這樣您是承認了？」我還想解釋，可是她已經飛一般的跑出了大門了。

晚上，《中央日報》的馬社長打電話來問我要照片，我知道他的用意，告訴他我身邊沒有照片。他笑著說：「你那邊沒有，我卻有一張，只是照得不大好，如果你不介意，我就拿去派用場了。」這時我才記起在不久之前我和他一同參加過一個婚禮，他是證婚人，我是介紹人，當時曾和他夫婦一同拍過一張照片的，於是我再三的請他不要把那照片拿去用。他的回答是：「讓我和記者先生研究研究，如果他們同意就不用。」我知道那只是外交詞令，果然，第二天的《中央日報》上，不但登了那位女記者的〈胡××夫人訪問記〉，後面還附上我那張呆頭呆腦的照片。這篇報導立刻為各地報刊轉載。有些小報還加油加醋的添上許多離奇的資料，一時我竟成為新聞人物了。

就在這個時候南兄卻在陝北與匪作著慘烈的鬥爭。本來在八月初時陝北戰爭幾乎可以勝利結束了的，其時只有囊形地帶仍有少數據點仍在朱毛控制之下，其餘各地均已前後克復。在該地區的共產黨員因見國軍收復區的寬大愛民的種種措施，都紛紛的自動投誠。尤其是當領袖親臨視察之後，軍心更振，士氣更旺，可是後來因友軍的不能完全配合，加以天時地利的關係，竟使得功虧一簣，而有後來的失敗。

最先是共匪為了求得出路積極發動攻擊榆林，到了八月十日夜匪軍一部分已突入榆林小西門陣地，守城某部事前竟未作充分準備，終於被圍，使得局勢忽然逆轉，直到十二日南兄所部三十六師主力兼程趕到達堡、寧堡，先遣一部於午夜到達榆林附近，榆林之圍始解，但這次的勝利得來是極不容易的。該部在旅長徐保將軍率領之下，從五日至十二日沿途苦戰了整整八晝夜，兩次殲滅突入城內之匪，兩次恢復城東重要據點，才能使榆林城確保。

經過榆林這一戰後，因陝北氣候太壞，幾路行軍竟都給連日不停的狂風暴雨所困住。因為風勢雨勢都很狂暴，飛機不能出動，不但行軍困難，補給也竟斷絕了。到了八月底，有些深入陝北的部隊幾乎絕糧，因此就給了共匪大肆活動的機會，因為那一帶是共匪盤據多年的根據地，他們對於地理環境熟悉，同時他們根本是不顧人民死活的，軍需方面可以隨時向老百姓掠奪。補給也不會有問題，結果當這邊國軍被阻於雁上，糧食將絕的時候，他們就往回竄了。九月初匪軍已竄到米脂，從九月到十一月，許多已經收復的重要據點如延川、清澗，又前後陷落了。這時南兄心情極為沉重，常常整夜不睡，在十一月中旬的一個早晨，他獨自騎著一匹小紅馬在小雁塔奔跑，因為想到前方的軍情，苦思對策，一不注意竟從馬上跌下來了。這一跤可跌得不輕，當時就失掉了知覺，直到二十四小時之後才醒回來，醒來之後就發高燒，情況頗為危急，兩個星期之後才慢慢穩定下來，後來據主治的醫生說，幸而他的體格素來強健，而他的生命力又強，不然可能就此完了。不過，後來他的心臟病也許就種因於此。

他墜馬不久我就進入鼓樓醫院待產，家人怕我知道了影響情緒，就沒有告訴我，直到產後一個星期，才從一位來醫院看我的朋友口中無意得知，那時他已扶傷在辦公了。但是我聽見這消息後心裡非常著急，寫信去要他把經過情形告訴我，他回信卻說：「略受小傷，早已痊癒。」

在聖誕節的前夕，他因公回南京，當他晚上回家的時候，我那在中央大學念書的小弟正在房裡陪我，聽見汽車聲音，連忙跑出去看，剛走到樓梯頭就看見他上樓來了。他上得樓來就大踏步的走進房裡，口裡嚷著：「我們的新媽媽身體可好？」我笑著指指旁邊的小床說：「我很好，快去看看你的兒子吧！」他走近去一看，很得意的笑著說：「這小傢伙滿漂亮的嘛，我看倒有點像我呢！」聽他這一自我吹噓，房裡的人都笑了。

等到家裡的人都退出去後，他坐在床邊和我談家常，無意中我的手摸著他的背，這一摸使我大吃一驚，他的背上硬綳綳的像是綁著什麼似的，我問他那是什麼，他說是膏藥，我說：「膏藥？你信上不是說只是小傷早已痊癒了嗎？」他認真地說：

「這點傷算得什麼，我不能因此就自我憐惜起來，不做事了呀！」

「可是你這並不像小傷呵！」於是我要求他讓我看看傷處，他拗我不過只好解開衣服，我一看竟心疼得眼淚都掉下來了，原來他前胸後背整個身體都是貼著膏藥的。事實上他這次不但胸骨連內臟都受了重傷。本來醫生要他最少休養三個月的，而他竟不到三個星期就起來辦公了。當他和我講話時胸口還在隱隱作痛，相信在和人談話或主持會議時一定更痛苦了。後來小弟告訴我。當他在樓梯上看見他上樓時，他就是佝僂著走的，但上得樓來就裝作得精神充沛步履強健了。他這種強忍痛苦的能力後來也發揮了好幾次，據說有一次是在七分校演講，那次是騎馬傷了腳踝，他不顧一切帶傷在講台上講了兩小時，等到講演完畢，那條小腿已腫得和大腿差不多粗了。有一次是在台北，他坐吉普車去赴宴，途中因為前面的車子急煞車，撞上後面他的車子，他的一隻腳受傷，卻仍令車子前進，按時到達宴會地點，吃過飯後並照常上車離去，但當回家時，卻已寸步難行不能下車了。

那次他在南京住了三天，公事辦好就回西安去了。在三十七年的元旦，他不顧身上的傷勢親自走遍西安附近的軍醫院，慰問住院傷兵，並對醫務人員指示三點：一、凡屬剿匪受傷的官兵必須盡一切力量醫治，人力物力在所不計；二、凡屬殘廢或機能障礙未能治癒的，必要照顧他們，訓練他們，使他們能夠謀生；三、殘廢官士兵必要有妥善的安置。他這種對袍澤愛護，對士兵負責的精神使得他所領導的部隊上下一心的擁戴他，這也就是每當作戰的時候只要他一聲令下，士兵無不全力以赴不顧生死的原因。

民國三十七年實在是中華民族最為痛心的一年。這一年，我國無論在政治、經濟、內政、外交上都不順利，共匪和他們的國際同路人，趁我經過八年的長期苦戰國力未復之際，除了在軍事上積極擴展外，在其他方面，也竭力運用各種陰謀詭計給我們以打擊。偏偏我們最堅強的盟友，北美合眾國政府又不明瞭實際情形，只憑其政府內部左傾人士及國際共產黨的宣傳，硬說共匪組織只是農民運動，我政府的剿匪行動是自己製造內亂，他們不但不給我們以道義的援助，並且還以和事佬自居出面倡導和談，結果綁住了我軍的手腳，降低了軍民的士氣。而陷我於極其不利的地步，同時共匪方面卻正好利用這大好時機肆無忌憚的發展，於是我軍無論在東北、在河南、在山東、在徐蚌、在西北都吃了大虧。

就以西北戰場來說，從正月開始情況就不樂觀，尤其是在陝北，局勢更為緊張，南兄於一月中旬飛往延安。一到那裡就往宜川、洛川等前線視察，指示機宜，冒零下的嚴寒，晝夜奔波，盼望挽回劣勢，無奈各種因素都對國軍不利，加以天時地利的不順遂，竟於三月一日宜川再度陷匪，而劉戡、嚴明兩員大將亦於此役殉國。四月二十七日寶雞陷落，徐保將軍又重傷殉職。當宜川情勢危急時，嚴明將軍曾經拍出一個電報：「主任胡，局勢甚急，召團長以上決心成仁，以報鈞座，以報總裁……」南兄得報悲憤傷心萬分，等到寶雞又淪陷，徐保將軍又再殉國後，他簡直要發狂了，幾夜都沒有合一下眼，在他的辦公桌上只寫下四個大字：「痛心何極！」

這以後，他們以哀兵之志，也曾獲得多次勝利，如大荔之戰，涇渭河谷之戰、中條山之戰、臨汾之戰、運城之戰等都曾給匪以重大的打擊，只是大勢逆轉，雖有局部勝利也無法挽回全面的局勢。

而在這一年當中，我們在南京生活也頗不容易，南兄公而忘私，很少顧到我們，他自己生活素來簡單，同時又無暇顧到物價的變動，所以給我們的家用極為微薄。最初半年，靠著我過去的積蓄，生活還可勉強過得去，到了下半年，我的積蓄用完而南京物價波動得極為厲害，我們的日子就很不好過了。我既知道前方軍事失利，南兄情緒很壞，自然不願以家庭瑣事去煩他，況且那種知識婦女的自尊心，也使我不好意思老是向丈夫去伸手。但是生活是現實的，一大家人不能不吃飯，而剛剛半歲的兒子也難免時常有傷風咳嗽等小毛病必須看醫生吃藥。有一次廣兒發高燒我們竟無力去看私人醫生，不得已打了一個電報去西安：「兒病無藥醫，家中要斷炊，奈何？」夏參謀看到這個電報著急得不得了，偏偏不巧那時南兄又不在西安，他只好拿這個電報去看管錢的人，他們就替我們先匯了一點錢來，等到南兄回去知道了這件事，認為夏參謀不應該以他家庭的私事麻煩人家把他訓斥了一頓，後來物價越漲越凶，我們家的生活愈來愈困難，有一天在家裡服務的副官來向我辭行，說要回去西安，我問他為什麼要走，他滿眼含淚的對我說：「物價上漲得這麼快，府上沒有隔宿之糧，我怎忍心再在這裡吃閒飯。」

那年秋天我到西安去住了幾天，曾經把物價波動太猛，家用困難的情形告訴他，希望他以後能為家裡準備點實物，他皺著眉頭回答說：

「怎麼你們老是覺得家用不夠，你知道我們家的費用已比普通的薪餉高好幾倍了！」可笑他並不知道那時的生活標準和待遇是多麼脫節，一個士兵的薪餉，到後來連幾個燒餅油條都買不到了呢！不過那時他已經發現生活所給我的磨難，在十月的一頁日記上曾有一段記載：「葉夫人午後到達，初下車覺其頹唐蒼苦狀甚清寒，似已禁不起南京之物價及生活之壓迫矣！」

自從這次見面後，他給我們的家用雖仍以士兵的薪餉做比例，但有便人來也會給我們寄點實物，如手巾、白布、黑米（陝西特產）等。有一次他給我們寄來一個包裹，我叫人去郵局領回時竟是一隻舊皮箱，打開一看，裡面是一箱靈寶紅棗。我們雖覺得可笑但靈寶紅棗是西北名產，得來也真不容易，於是我們就想法去買到一點糯米，天天以糯米紅棗稀飯當晚餐。有一天小弟來家看我，晚餐時看見桌上什麼都沒有，只有鍋裡一鍋糯米紅棗稀飯，他皺皺眉頭問我：

「姐姐，這就是今天的晚餐嗎？」

「是的。」

「還有什麼菜？」

「什麼菜？這稀飯是甜的，那裡用得著別的菜。」

「那真糟糕，我實在吃厭了！」

「怎麼，你只是今天才來，怎麼吃都沒有吃就說厭了呢？」

於是他告訴我，這一個禮拜來，他們學校裡每天早上都是吃的蓮子、紅棗、糯米稀飯。他們那些同學在提倡一種「吃光運動」，要把政府發給他們的公費在幾天內吃光，吃光之後就到外面去請願作饑餓遊行，他們的目的是要想使世界各國以為中國政府是在虐待青年，把國庫的錢拿去打內戰卻不給青年學生吃飽。

我聽了之後真是氣極了，就問他說：「難道你們所有的同學都這麼做嗎？難道你們覺得這樣做是對的嗎？」他說：「這當然是不對的，國家已經到了這步田地，政府財政這麼困難，我們這些靠公費讀書的學生不知道用功讀書，準備為國效勞，反而有意搗亂，製造事端實在是極不應該的事，事實上我們許多同學都是不願意這樣做的，但是誰也不敢公然提出反對，因為一提出反對，那些鬧事的同學就會說你是『國特』把你打個半死。」

自然這又是共匪的伎倆，他們用些匪諜混在學生中間，把少數愚昧無知的青年裹脅而去，而發起這種惡毒的運動，那時各校學生的遊行罷課運動極為囂張，起初我還以為是青年人不滿現狀以及看到有些政治經濟上的措施不太妥當而發生的反常舉動，自從知道中大這種饑餓遊行的真相時，才知道一切都是共匪在後面操縱的，一般青年人淺薄無知，受人利用而不自覺，實在令人痛心！

這個時候各方的戰訊都不順利，南京人心惶惶，有的說共匪馬上就到，有的說年內必有問題，許多有辦法的人都已開始疏散，紛紛向上海廣州重慶等地出發，鐵路機場都已擠滿了旅客，十二月初的一個下午，我手腕裡夾著一大疊書從學校回家，開門進去，女傭說徐處長和另一位客人已經在客廳等了很久，進去一看，原來是徐、程兩位。一見面徐處長就交給我兩張飛機票，並帶點勸說的口吻對我說：

「最近南京情況緊急，一般政府要員已把家眷送走，許多老百姓也都在疏散了，京滬路的火車擠得不得了，有票也找不到座位。這裡是去上海的兩張飛機票，請夫人和小弟明天一早去機場搭機飛滬。」

我一聽，心裡頗為生氣，覺得實際上南京還是好端端的，他們這樣急幹什麼。就向他們說：

「你這是什麼意思？難道說要我們馬上去逃難嗎？我不去，你放心好了，南京是不會丟的。」於是他又陪著笑臉說：

「是的，目下的情形還不太糟，但時局變化起來很快，萬一前方再打個敗仗，南京就危險了。那時候恐怕要走就不容易了！」

「相信不至於這麼快，明天我決定不走，我在學校上課上得好好的，怎麼可以這樣不顧一切放下就走呢！」

程先生插進來說：

「學校的事等一會去交代還來得及，我們希望夫人明天一定要動身，小弟這麼幼小出們很不方便，將來如買不到飛機票，要擠火車是沒有辦法的，萬一到時候發生問題教我們怎樣向胡先生交代？」

我知道他們是怕將來麻煩，把我們送走了就安心了。可是我不相信南京是真的會丟的，說什麼也不肯答應離去。他們無可奈何，就說晚上再來商量。哪知就在當晚，我的一位好友和她那位在中大任教的先生來找我了。他們托我替他們買去上海的火車票，據說他們的同事已走了大半，他們覺得非走不可了。白天去下關買火車票，站了一天都沒有買到。給他們這一說我的心倒開始動了。等他們一走我就趕快去學校和柯教務長商量。出我意料的，他也勸我立刻走。他說：

「反正上海南京之間距離很近，如南京情況穩一點時你隨時可以回來的，事實上本校的學生已走了大半，你就先請兩個禮拜假再說吧！」

我認為他的話也對，上海又不是天涯海角，去了隨時可以回來的，就決定請一位同事暫時給我代兩星期課，明天先把孩子送到上海去再說。這樣於次日一早就帶回廣兒乘飛機飛往上海，當時是想在短時期內一定可以回去的，那知道這一別竟會到十八年後的今天還是沒有歸期呢！

那時母親、小妹和大哥一家都住在上海法租界的趙主教路。他們住的是一幢三層樓的洋房。房子寬敞，陳設古雅，頗有氣派。我們去後，綺嫂把我們安頓在三樓，和母親小妹住在一起，母親她們住正房，我母子住左邊的一間。母親最愛廣兒，那一段時間，孩子差不多都是母親替我照顧的。

我們在上海住了將近三個星期，在聖誕節前夕，湯先生輕車簡從到趙主教路來看我，他說南兄有信托他照顧妻兒，他已替我母子在明晚開台灣的中興輪上訂好一個房間，他的家眷也和我們同行。路上一切她們都會照顧我的。他們這一切的安排我除了表示謝意之外沒有別的話說，我知道南兄和他的交情，他知道他所負的責任，既然他要我和他的家眷同行我還有什麼猶豫呢。在聖誕節的晚上我就隨湯太太一家來台灣了。

這時大陸的情況更壞了。並且在政治上也在激蕩著一股暗潮，有人已在悄悄的談著和談即將破裂，元首可能下野的話。西北戰場的情形也不樂觀，南兄的情緒自然很壞。在平時他都不大知道怎樣照顧家庭的，在那個時候他自然更想不到我們會遭遇到什麼困難了。他以為只要把我們托給朋友問題就完全解決。而忘記了人還是要生活的。現在講起來只覺得可笑，在當時卻並不是輕鬆的事。他把妻兒交托了之後竟忘記了給我們零用錢，可憐我初到台灣人地生疏又帶著個才滿周歲的孩子，湯太太雖然對我像親姐妹一般，但無論如何我總不能開口向她借錢，而南兄又遠在西安，雖然我一到就寫了信去，但要匯錢來總得有一、兩個禮拜，所以在剛到台灣的那幾天，我的日子過得實在是窘迫極了。當時台灣各界首長幾乎都是湯先生的友好，湯太太一來就大家排日款宴，我既和她同來，不論識與不識都給我一個帖子，我心裡是萬分的不願意帶著孩子去赴宴，但不去又怎麼辦。湯太太很愛廣兒，無論去什麼地方都要廣兒坐在她旁邊，我為了照顧孩子自然也只好挨著她坐，有些不大清楚我們的陪客還以為廣兒是湯家少爺，而我只是帶少爺的保母呢！

正當我帶著孩子，寄人籬下，一籌莫展的時候，報上卻傳來南兄到達南京，並追隨領袖於元旦在中山陵謁陵的消息，閱讀之後使我傷心痛悔，早知他這麼快就會南來的，我為什麼要這麼糊裡糊塗的就跑到這陌生的地方來？那天我流著淚寫了一封長信給他，請他趕快接我回去或替我們往後的生活作個安排，但那信到時他已飛返西安，直到農曆年前他才收到我前後給他的信而覺得有和我面商往後計畫的必要，於是打電報來托人替我買了一張飛機票，接我去過舊曆年。我是三十八年一月二十六日去西安的，在那裡住了五天，於三十一日飛返上海，從上海搭中興輪陪同母嫂重返台灣，這是我在大陸所過的最後一個舊曆年。

當我在西安時，南兄對我格外的溫存，格外的體貼，因為他已經深感自己疏忽覺得有些對我不起了。我呢，本來是有滿腹的委屈，無限的怨憤要向他發洩的，可是看他對我那麼好又只得把那些怨言悄悄的埋在心底了。事實上，當那烽煙處處，戰鼓頻催的時候，夫妻倆還能有這麼一次暫短的聚首也真不容易，我們還哪裡捨得把寶貴的時間拿來用在無謂的話題中呵！那次臨別時他給我帶了一點零用錢，並替我打電報給台灣的一位朋友請他替我們租兩間獨院的房子——可惜又忘了給人家匯錢！

不過當我再次回到台北時情形是比較好多了，這次有母嫂同來，並且副官一家也到了，孩子有人照顧，我可以抽身出來安排一切，剛巧這時有一位以前在西安東倉門任會計的某君調差至基隆，可以把他在仁愛路的房子讓我們暫住，他覺得房子太小，怕委屈了我們，而我卻已是喜出望外了。

我們在仁愛路住了將近一年，那時的台灣省政府主席是陳辭公，辭公和夫人對我們都是很照顧的，有一天陳夫人剛好在我們那裡談天，廣兒午睡醒了，搖搖擺擺的從房裡出來，一不小心從那狹窄的走廊跌到院子裡去了，孩子的哭聲把我們都急壞了，那時陳夫人就說這房子太小，建築又不適用，對於孩子太不適宜，幾天以後省政府就派人來和我說，浦城街有幾幢新蓋好的房子要我去選擇一幢搬進去住，後來我們就搬到浦城街現址，一直住到今天，辭公的德意使我夫婦萬分感激。

在仁愛路的這一段時間，我們的生活艱困如故，家裡除了我和廣兒外，只雇了一個小女工幫忙我燒飯洗衣，那時我極少外出，只有每天下午廣兒睡醒後帶他去外婆家玩一、兩小時，母親和綺嫂她們住在新生南路一段，通常我總是牽著廣兒從杭州南路穿過濟南路步行去的。後來我們認識了老虎將軍夫婦，我就不大從濟南路過而從新生南路繞道去了，原來他們夫婦有散步的習慣，常常在下午四、五點鐘就在他們濟南路寓所的門前散步，我帶著廣兒上外婆家總是碰見他們的，那時我已發胖，過去的衣服不能穿，唯一可穿的衣服就是那件咖啡色的泡泡沙旗袍，一種女性的自尊心和虛榮心，使我不願在一位新認識的朋友面前繼續以同一服裝出現。幾年以後，我和王太太已成為好朋友，有一次偶然提起這件事，她笑著說：「那真太冤枉了，你知道我是近視眼，記性又差，那裡會記得你每天穿同樣的衣服啊！」

我們的困難情形慢慢的給西北的同人知道了，也有些人提議要替我去向南兒說明的，但因為那時大陸局勢已愈來愈壞，我不願再以家庭小事去增加他精神上的負荷，他過慣了簡單粗劣的生活，想不到婦女小孩還有更多的需要的，他想士兵可以過的生活為什麼我的太太不能過呢？在他想來我們有兩間房子住，有飯吃已經是夠幸福的了。事實上我也真的不覺得這種日子不易過，只有一次因為發不出女工的工資使我感到難堪。那次是因為廣兒病了，我把家用的一部分挪去給孩子看醫生買藥了，當女工到月該付工資時，離辦事處送家用來的日子還有幾天，我想大約欠幾天不要緊，就沒有另外去想辦法，那知過了兩天女工竟提著一個包裹來向我辭職不幹了。我問她做得好好的為什麼要走，她兩眼向天一翻，翹著嘴脣輕蔑地對我說：「你們付不起工錢我還做什麼，我又不是給你們白做的！」

我氣得臉都白了，半天說不出一句話，最後我請她等我一個小時，馬上跑到綺嫂那裡借錢來把工資付清了。從此，我發誓不拖欠女工一天的錢！

我在台灣受的這一點點小氣和南兒在大陸上所遭遇的煩惱比，那真是微不足道了。自從三十八年一月間總統離京飛返奉化，政府由李宗仁代行職權以後，大陸政局簡直如土崩瓦解，一塌不可收拾，徐蚌會戰失敗，黃百韜、邱清泉兵團前後覆沒，南京於四月間陷匪，上海於五月間放棄，這時西北方面匪勢更熾，匪軍分幾路向西安包圍，在權衡整個情勢之後，南兄認為只有移師漢中，集中力量與匪作殊死鬥，於是就於五月十八日離開西安。在漢中召集主要將領會商策略，積極部署，在幾個月中亦曾打過好幾次勝仗，無奈這時人心已經癱瘓，各地將領大多失去鬥志，西北方面寧夏於九月二十三日宣布局部和平，守新疆之陶峙岳又於二十六日叛變，其他方面似乎均在動搖，南兄獨力苦撐，精力交瘁。領袖深知南兄之處境，急電漢中加以慰問，並囑：「詳定部署以期死中求生。」可是整個局勢如此，獨力怎能撐得住大廈，尤其是到了十月間，政府又輕易放棄了廣州遷到重慶。南兄在漢中守著四川大門，其心情之沉重，其責任之艱巨實非筆墨所能形容。這時四川軍閥劉文輝、鄧錫侯、潘文華、向傳賢等又在暗中策動叛變，使局勢更為危急，到了十一月下旬，為了掩護政府遷台，南兄奉命把最精銳的第一軍空運重慶，他的職務亦奉調為西南軍政長官公署副長官兼參謀長。接著第一軍在綦江與南溫泉一帶苦戰四晝夜，師長以下傷亡慘重，軍長陳鞠旅於負傷後失蹤，由於第一軍在綦江這一帶的血戰，才爭取了這寶貴的幾天，使政府能安全的撤退來台。

南兄本人於十一月二十九日從漢中坐汽車趕到綿陽，三十日到達成都，當時本來計畫在成都平原作戰的。無奈其時瀘洲、宜賓、邛崍、樂山、雅安等要地都已給叛軍劉文

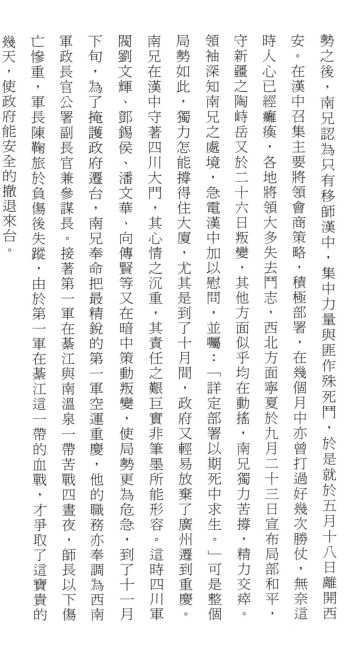

輝、郭汝瑰、及匪軍劉伯誠等先後占領，致使我軍西進無路，陷於四面包圍，到了十二月二十二日成都情況已極危急，我方在成都的電訊人員都已全部撤退，南兄想要向台灣請示已經不可能了。勉強維持到二十三日清晨，空軍徐司令再三催促，在萬分無奈的情況下，含淚登機。

這時有小部分的西北部隊已經到達西康的西昌，且已在該地立定腳跟，有些在川境的部隊也在陸續向西昌集中，南兄當時的意思是想飛向西昌的，後來因氣候關係另向南飛，最後降落在我國極南端的海濱三亞。那晚風急雨驟，海濤狂嘯，南兄在身心都極端疲乏之下，孤單單地處在這陌生的地方，想到國家前途及億萬同胞今後的命運，更想到已經犧牲或分散各地的弟兄，深感悲憤與恥辱，繞室徘徊，一夜都未合眼。第二天，台灣方面已得到他到達三亞的報告，一架專機送去幾位他的好友。其中有一位認為南兄個人的前途已經完了，勸他從今以後不必管事。最好是隱遁海外，自己認輸。南兄聽了之後，心裡悲痛已極，等他們離去之後，他思慮至再，終於坦然地把當時的情形以及他自己的想法、看法，寫了一封長信給那位朋友，信的內容大致如下：

××兄：

昨承枉顧，並承以肺腑之言作南針之示，回憶成都兩次深談，相期深遠，非有心人，非道義交，不能道此，謝謝！弟自成都轉移指揮於西昌，因匪之十、十一、十二，及劉文輝、鄧錫侯等叛軍已在洪雅、雅安、浦江、邛崍、大邑、崇慶之線，匪之第十六、十七、十八各軍已在仁壽簡陽之線，林彪所部兩軍亦已到達某某一帶，而彭德懷所部已向廣藻進迫，內線作戰，乘敵分進合擊之時，而先擊滅其一股，事實上已不可能，集中所有力量，固守成都，作背城借一之舉，而結果必致全軍消滅，如項羽，如拿破崙，如洪秀全，皆欲在戰場上成個人顯赫之名，而使全軍陷於燬敗之命運，所謂既不知己，又不知彼，妄言決戰，此種舊戰術，舊思想，在剿匪以來，不知陷滅了多少部隊，犧牲了多少將士，而白流了多少英雄之血，可嘆之事，無過於此。

弟有鑒於此，反對在成都附近決戰，反對在現態勢下作背城借一之舉，在利害轉變環境未定之前，在我軍力量還沒有十分損失之前，脫離內線，轉移外翼，有計畫、有目標，分散部隊，放棄了成都，脫離了包圍，變不利態勢為有利態勢，變被動而為主動，預算不久將來，此力量將全部到達某一地區，而重整軍容，造成奇局，決非決戰以遂逃跑潰敗者所可比擬者也。但謀事在人，成事在天，在此一切變動之時，是否另有問題，則又非今日所敢斷定者也。

故在今日，弟還不認輸，此種決策，非有大膽、大勇者不敢為，非有如失敗寧受軍法審判的胸襟者不肯為，非有受千萬人的唾罵，歷史上的斥責而未嘗動心的氣概者不能為，成敗利鈍，是非罪惡，只好付諸未來的戰局。因兄期許之厚，相愛之深，故敢以內心之言，作他山友聲之報，夜深人靜，細雨在飛，海風在嘯，俯仰今古戰場，眷眷江山時代，真不知感慨之何從也。敬以所見，專塵清聽，並祝

健康

弟胡××上

信發出之後，他覺得心胸舒暢多了。剩下的事就是等待台北的命令。

也許是上帝的安排，就在這個時候，兩本不同時日，不同方向寄出的《聖經》到達了他的手裡。一本是吳經熊博士譯的《新約全書》，是前些日子夫人叫我寄贈給他的，另一本是一位西北眷屬寄給他的，這位太太是一位虔誠的基督徒。後面一本是《新舊約全

書》，他接到時正感到內心空虛，就順手把它打開來看。他的眼睛最先接觸到的一句是：「耶和華是我的牧者，我必不致缺乏。」他心裡感到一陣溫暖，就接下去看，上面說：「他使我躺臥在青草地上，領我在可安歇的水邊。他使他的靈魂甦醒，為自己的名，引導我走義路，我雖然行過死蔭的幽谷，也不怕遭害，因為你與我同在，你的杖，你的竿，都安慰我，在我敵人面前，你為我擺設筵席……」讀到這裡，他那不大流淚的眼中已充滿了淚光，他不禁閉起眼睛，默默的禱告著說：「上帝呵，感謝您的指示，您是我妻的上帝，也是我的上帝！」

三天之後，他奉命飛海口和王副總司令見面，王先生當面交給他一封領袖的親筆手諭，叫他即日飛西昌，這位偉大而慈祥的老人家，囑咐他單刀前往坐鎮，務要挽回頹勢。他於次日一早，也就是民國三十八年的除夕，獨自飛往西昌。

這一切我事前一點也不知道，直到他飛抵西昌之後，才由便機帶來一封信。信上也只告訴我他已於萬不得已的情況下離開成都，現在已在西昌，身體平安這幾句話。那時報上對於大陸上的戰況報告得也很含糊，我當時正在為成都戰訊的忽然沉寂，而感到驚奇，等到接到信才知道那裡竟也完了，心裡極為難過。

不久，舊曆年節到了，台北人家都在準備過年，我家只有母子兩人，孩子又少，心裡念著獨自在大陸苦撐的丈夫，心緒很壞也無心湊熱鬧。大年夜滿街的鞭炮聲一次一次的把廣兒吵醒，我睜著眼睛，苦等到天明。

記得是年初二的下午，廣兒午睡剛醒，我在為他穿衣，忽然門鈴大響，我連忙跑去開門，站在門外的竟是蔣先生，我剛要請他到裡面坐，他卻急著問：「小弟弟在哪裡？」我告訴他在屋子裡，他說：「總統在隔壁居老先生那裡，他想看看他，請就帶他去好嗎？」我立刻跑進去給孩子換了一件好一點的衣服，並告訴他說：「廣廣，媽帶你去見一位老公公，你要乖乖的，見面時要說公公好。」他對我點點頭，我就牽著他和蔣先生一同去了。到了那裡，看見總統正在和居老先生談天，我們走進去時，兩位老人都向我們微笑點頭。蔣先生把廣兒牽到總統跟前，他居然知道向總統鞠躬，清清楚楚的說了一聲「公公好」，老人家高興得不得了，伸手摸著孩子的頭連連說：「好，好。」我站在旁邊看見這情景，心裡感動得眼淚都要流下來了。事後我把孩子見總統的情形寫信告訴他的父親，他父親非常高興，回信說：「廣兒初見領袖，態度大方，應對得體，殊為欣慰。」我看了那封信不禁好笑，兩歲的兒子知道什麼應對啊，人家都說兒子是自己的好，這位作爸爸的看來也不例外。

這時已是陽曆的二月中旬，南兄去西昌已經將近兩個月，在這兩個月間他已與分散在西南各地的舊部取得聯絡，有一部分已經到達西昌附近，有的又已經與匪展開遭遇戰，到達西昌及附近的有第二軍師長張桐生、二十七軍軍長劉孟廉，及顧葆裕、胡長青、田中田、陶慶林、張天祥各部。雖然大部分都已饑疲不堪，但只要假以時日，整頓部署，都是精銳之旅。當時南兄盼能在兩個月內打下昆明，奪回西南據點，然後從那裡積極反攻，可惜那時敵人在西南的力量已經很強大，等到他們得知胡某又在西昌部署反攻時，他們絕對不容有充分準備的時機了。到二月底匪軍已向他們展開包圍，會理、寧南，形勢已非常緊張，三月初匪軍分八路進攻西昌，不得已，南兄只好把那些喘息未定，或訓練尚未成的隊伍拿去分頭迎戰。從三月初到三月二十五日，足足激戰了二十多天，二十五日那天會理陷落，南路匪軍離西昌只有一天的行程。其餘各方面匪軍也在用包圍形勢進逼，這時他的左右知道大勢已經無望，在台灣的領袖也得到此報，去電命他將部隊交給高級將領然後飛海口待命。

二十六日深夜兩點鐘，羅參謀長、趙祕書長和另外兩位高級將領，聯袂去到邛海。邛海寓所燈火通明，所有人員都未入睡，好幾位參謀人員都在照常工作，南兄在書房裡研究西康山地形勢，聽見他們來到馬上出見，態度嚴肅，舉止從容，等大家坐定後，他叫衛士拿出幾個酒杯，酌滿了酒，笑著對趙祕書長說：

「龍兄，請飲這杯酒，我為你餞行，等天一亮你就飛回台灣。」說著就指著旁邊的大包東西說：「這是我十年來的日記，請替我帶去。」

聽他這麼說，趙祕書長連忙搖搖手說：

「且慢，且慢，胡先生您請坐下，我們大家談談。」接著他就以低沉而堅定的語氣對他說：

「胡先生，總裁已有命令，請你將部隊交給高級將領，先去海口待命，你不走是不成的。」

南兄對他看了看，搖搖頭，肯定地說：

「我不能走，來，我們一同來乾這一杯，祝你愉快。」

說著自己先拿起桌上的酒一飲而盡。大家看他這樣，不知怎麼說好，整個的空氣好像凝結了。過了好一會趙先生又接著說：

「服從命令是今天大義所在，此其一；共匪八路進兵要活捉胡某某，我們不能上當，此其二；反共不是一天能夠完成的，真正的戰鬥還在後面，你不能捨棄這個責任，此其三。」

他默不作聲。這時已到清晨三時，其他各人看看這種情形實在不能不發言了，於是紛紛勸說，均以服從命令，完成長期反共責任相勸，又一個小時過去了，他仍不為所動。敵人進攻的戰報已經來過三次。最後羅參謀長開口了，他以低沉的語氣一字一句的說：

「當年漢高祖滎陽被圍，假如沒有紀信代死，以後的歷史可能又是一回事，現在情況既已到了這個地步，我們犧牲，於反共大業不致有何影響，胡先生犧牲了，將來這七萬學生，三萬多幹部誰能號召？誰能領導？將來我們那些化整為零散在敵後的武力誰能指揮？領袖對胡先生如此愛護，胡先生怎可棄領袖而犧牲？我已籌思至再，願作紀信，務請胡先生以反共前途為重，接受命令！」

道義、責任、革命軍人的浩然之氣，都在這一番話中表達出來了。在座諸人無不深受感動，大家一致起立要求南兄務請採納羅參謀長的意見，這時天已黎明，室內悲壯熱烈，室外細雨紛飛，最後南兄終於為眾人擁向機場，登上最後離開大陸的一架飛機。

就在同一天的晚上，大約是深夜十一時光景，我家的電話鈴響了，我拿起聽筒，對方竟是蔣先生的聲音，他聽見我的聲音，好像不知怎樣說好，遲疑在那裡，我聽到他的聲音，也覺得很驚異，一時不知如何應對，忽然想起當日報上他發表了政治部主任的消息，就對他說：

「是蔣先生嗎？恭喜，恭喜！」

他聽我這一說，知道我對前方的情勢並不知情，略停了一下就說：「請問你知道趙祕書長的電話號碼嗎？」

我把號碼告訴了他，電話就擱斷了。這一下我可呆住了，第一我覺得自己那個「恭喜」說得多麼愚蠢。第二我懷疑他打電話的用意，無論如何，他打這個電話絕對不會是問那個電話號碼的。於是我想到前方的軍情了，於是我想到南兄的安全了，我的天，難道前方又起變化了嗎？我心急如焚，那夜我再也沒有閉一下眼睛，我打電話去問辦事處，他們沒有確息，我想就是有他們也不會告訴我的，南兄公私分得過分分明，不但回家來從不談一句公事，就是別人，他也不容許他們對我談軍情的，可是教我怎麼辦呢？對著廣兒那天使般的睡姿，我坐在床邊默默的流淚。

第二天晚上，趙祕書長忽然來了。一看見是他，我又驚又喜，連忙問他說：

「趙先生，你什麼時候回來的？」

「剛到一小時。」

「胡先生呢？」

「在海口。」

「前方怎樣？」

「……」

我心裡一陣難過，眼淚又流下了，於是他把一切情形詳細的告訴了我。他說南兄因幾夜未睡眠，情緒又極端的惡劣，現在病倒在海口，大約要休息幾天才能回來。

對於南兄仍安全，我當然是放心得多了，但是我知道他的脾氣，現在他的內心的痛苦一定比死更甚，大丈夫頂天立地死何足懼，可悲的是想死又有所不能！其後他去大陳屢次親自率領游擊隊去大陸突擊也就是求一死所而已。

三十九年四月一日南兄終於回到台北，雖然憔悴蒼白，但目光仍然明亮，步伐仍很堅定，一看見我就笑著說：

「你看我回來抱兒子了，你開心嗎？」

「當然開心，實在你辛苦了這麼多年也應該休息休息。」

「唔，你以為這是應該的嗎？」

「……」我無言以對，實在我也不知道這是不是應該的。

對我們的家庭而言，他能回家團聚是我們最盼望的，自從結婚以來我倆相處不到一月。而廣兒一共只見過父親兩面。我們夫妻父子得以相聚又未嘗不是上帝的安排，我感謝主！

幾天之後，我們的好友湯先生為我們在花蓮租到一幢房子，我陪著南兄到那裡去暫住，從此清晨、黃昏，夫妻倆攜手徘徊於堤上海邊，對海潮而長嘯，望明月而涕泣，遙念家國山河，回憶英雄事業，淚眼相對，默默相依，此中滋味實非外人所能想像者也！

再接再厲

我們在花蓮住了一個多月。

大約是五月中旬的一個下午，台北來了一位客人，他一來就和南兄兩人關在那間小小的會客室裡談了兩小時。他去後，南兄沒有向我提起一個字。我問他那人是為什麼來的。他說：「來看看我們的。」第二天下午，來了另一位客人，他也和南兄一同關在那間小客廳裡談了半天。他去後，南兄仍然沒有告訴我什麼。第三天又來了一位客人，這位是我比較熟悉的，為了想知道一點這些客人來的用意，我也跟著南兄出去見客了。來人以為我已經知道內情，一見面就以打抱不平的口氣對我說：

「大嫂，你說可氣不可氣，我們軍人出生入死，流血流汗，到頭來還要受這樣的冤枉氣！」我以為是他受了什麼委屈，就順著他的語氣說：

「是呀，這種年頭作軍人真不好作，生活苦，責任重，一般人還不了解，不過我還是

認為軍人的職務是最神聖的，老實說，我們的大陸不是軍人丟的，而今天我們仍然能夠在台灣過這麼安定的日子，卻是軍人的功勞！」

南兄聽我說著這一番大道理，知道我並不明瞭來客所說的意思，怕我把話越扯越遠了鬧笑話，卻笑著對我說：

「李先生這麼遠來，我們應該留他在這裡吃飯，請你去廚房看看，準備一下好嗎？」

我知道他的意思是要我迴避，心裡雖不願意也只好退出，但心情卻輕鬆了一些，自己對自己說：「我道是出了什麼事，原來是李先生受了人家的氣。」

為了安慰他，那晚我還自己做了幾樣菜敬客。客人走後，南兄忽對我說：

「霞，把東西整理一下，今晚早點睡覺，我們明天一早就走。」

「走？去那裡？」

「回台北。」

「怎麼？你不是說要在這裡休息幾個月的嗎？前天我已去叫副官把廣兒送來的。」

「現在情形不同了，我們還是回台北去住好些。」

第二天黎明，我們就坐吉普車離開那淡雅寧靜的海濱城市了。車子沿蘇花公路向台北前進，這是一條頗為驚險的公路，大部分都是依山沿海而築的。車子行駛其間，就像在海的邊緣奔跑，隨時有掉進海裡去的危險。但沿途風景極為壯麗，尤其是快到蘇澳的那一段，遠看前面海上一片帆影，海邊沙灘上排列著一排排的瓦屋，沙灘盡頭有無數的高聳入雲的椰子樹，撐開巨掌般的葉子迎風搖曳，樹下行人車輛像是畫中人物，整個景象就像一座天然的攝影棚，直到車子進入鬧區才使人有回到實景之感。當時如果不是南兄急著要回台北，我真想停下來在蘇澳住上幾天呢。

我們到達台北已是傍晚時分了。晚上，南兄出去訪友，我哄孩子睡覺後就以消閒的心情拿著一大疊當天的報紙到客廳去看。哪知剛打開一張大報就發現上面有：「李夢彪彈劾胡××」的一則大標題，我大吃一驚，急忙把那則消息仔細的看了一遍，那上面說的與事實相差得很遠，有的恰與事實相反，我看了之後，心裡很是難過，想到當南兄離成都時的情形是那麼悲憤、痛苦，後來在西昌獨力奮鬥的處境是那麼的艱難險惡，而這一個月來在花蓮的心情又是那麼悽涼憂傷，現在，人們不但沒有給他以善意的同情與關切，反而不問青紅皂白加給如此的誣蔑與指責，人心何在，天理何在？難道說世紀末日真的已經來到了嗎？我越想越氣憤，越想越傷心，終於忍不住流下淚來了。正在這時，南兄從外面回來了，他看見我在流淚，急忙的走到跟前來向我說：

「噯，怎麼一回事，你這麼傷心？」

我指著旁邊那一堆報紙，回答說：

「南兄，這上面都登出來了，為什麼你不先告訴我呢？」

他對那些報紙掃了一眼，平靜地說：

「這些無聊的消息有什麼好說的。我不讓你知道的原因是要保護你心境的安寧，我猜到，你知道之後會不高興的。」

「那麼你現在打算怎麼辦呢？」

「有什麼要打算的？聽其自然好了。」

「可是人家指責的都不是事實，你總得加以申辯呵！」

「那有什麼關係，事實總有使人明白的一天，這種時候申辯有什麼用。」

「如果他們有什麼對你不利的決定怎麼辦？」

「真要這樣也沒有辦法，國家到了這步田地我們當然是要負責的。」

「可是大陸不是你一個人丟的呀！」

「但我也不能說沒有份呵，好啦，好啦，我有點累了，我們現在不談這事好嗎？」顯然的，他已不願再說下去了，我雖為他難過也沒有辦法！

這以後，我們之間再沒有談論過這件事，但他的許多長官、朋友、同學和西北同人，對這事都感到非常的憤慨，尤其是當少數報章雜誌以捕風捉影的謠傳和顛倒是非的論斷為憑，寫長文，發專號來對南兄大加譏評時，使人更難忍受，於是朋友們紛紛來看南兄，向他提出各種應付的辦法和意見，有人主張招待記者，有人主張為文反擊，也有人主張聯名向領袖上書，他們都說戡亂戰事是集體行動，政府責成數十個軍事首長，畫分成數十個地區作戰，南兄只是其中之一，為什麼對其他戰敗失土的軍事首長無所責難，而獨對這位奮戰至最後的將軍如此非議？他們又說軍人作戰均以最高統帥的命令為依歸，南兄是素來以堅守軍人本分，服從命令為最高原則的，他的一切戰鬥都是奉命有據的，他們明知如此，而要對南兄提出指控究竟是何居心？他們又說，當日大陸上有多少貪官汙吏，多少破壞統一，製造叛亂，出賣國家的人物，都沒有人去對他們提出彈劾，何獨要對這樣一位始終與匪作殊死戰，奮鬥到底，最後還掩護政府安全撤退到台灣的人卻要加以如此無情的抨擊？

對於這些仗義執言的朋友，南兄深表感激，但對於他們各人的主張他卻一一的婉拒了，甚至有人想以第三者的立場在報社雜誌上為他說幾句公道話，他都要求他們不要這樣做，他說：「我們是一個法治的國家，我願意接受國法的任何裁決，對於社會的責難願作自我反省的依據，事實真相總有大白的一日，用不到我們去答辯的，目下我們用不到和人家去爭長論短，打筆墨官司，我只求仰不愧於天，俯不怍於人，對任何毀謗或責難我既不生氣，也不介懷。」他們聽他這樣說也只好不再表示什麼，一位西北的老朋友說，老子有：「善者不辯，辯者不善。」的教訓，這位老長官實已深得老子哲學的真諦了。

當然南兄不敢以善者自居，但事實勝於雄辯卻是真的。不久，監院的許多委員也都明白了事實的真相，這次事件，南兄不但並未受到任何損失，相反的，使一般過去不太認識他為人的人，也對他有了深一層的了解。至於，成都當時的情形，後來在蔣將軍的《危急存亡之秋》一書中曾提到一點，他說：「此時胡部隊已翻越秦嶺，跋涉長途，轉到成都平原，以六百公里與敵對峙之正面轉進，至一千餘公里長距離之目的地，而竟能於半個月時間內，迅速完成，亦戰敗中之奇蹟也。」他的話是千真萬確的事實，至此，南兄當日的緘默已有了最好的答辯了。

至於我們自己，自從回到台北以後，集中精神在研究方面，南兄擬了一個讀書計畫，準備於一年以內，重讀完幾部他早年讀過的古書，同時對現代總體戰的理論與實際再作加深研究，英文方面他希望能達到自由說話和寫作短文的程度，我呢，一方面學習寫作，一方面對《聖經》加深研究，我請戴師母在每星期三下午來家和我查經，我們用的是英文版《聖經》，戴師母要我熟讀、牢記，常常和我一同高聲朗誦《聖經》金句，有一天當我在那裡反覆背誦〈馬太福音〉第十六章二十六節耶穌對門徒教訓的話：「人若賺得全世界而失掉自己的靈魂又有什麼益處！」一段話時，他忽然自動的放下書本來參加我們了。他笑著對戴師母說：「戴師母，你說我現在才來讀《聖經》會不會太晚？」戴師母高興的回答說：「不會，不會，上帝是永遠不會拒絕一個追求道理的人的。」從那時起，他每次都和我一同查經，直到後來去大陳為止。去大陳以後他也曾打電報來請戴師母去那裡成立一個查經班，可惜因為戴師母走不開而沒有實現。

民國四十年三月底我去婦幼中心待產，他天天去醫院陪我，給我說笑話講故事。並且每天都帶一束鮮花，親自替我換水，親自為我插花。我的主治醫師林大夫看他這麼殷勤，曾笑著對他說：「自古英雄皆多情，胡將軍對您這麼的溫存體貼，真不愧是一位大英雄呢！」不但醫師這麼說，就連和我一起在待產的太太們也都對我不勝羨慕，她們說像這麼好的丈夫真是天下少見，可是她們哪裡知道，他真正能照顧我的時間是多麼的短促呵！

德兒於四十年的兒童節降生。嬰孩落地時他正在家裡吃晚飯，一接到電話就立刻跑去了。當他到醫院時，我還沒有離開產房，看見他去，我滿心的歡喜，笑著對他說：

「又是一個壯丁！」他馬上走到我旁邊，用他的兩隻手緊緊的握著我的手，愉快地回答說：

「好極了，我為胡家的祖宗謝謝你，也為新生的孩子謝謝你！」

德兒降生以後，我們的家庭生活是更有生趣了。每晚夫妻倆帶著兩個孩子在客廳玩。那時廣兒已進幼稚園，他很喜歡唱歌，每晚總要把白天在幼稚園裡學來的歌，一遍一遍的唱給我們聽。南兄一邊聽大兒子唱歌，一邊逗小兒子笑，有時也和我玩玩橋牌，小家庭裡和諧而快樂，如果不是有一件報仇雪恥的重擔壓在他心頭，如果不是有一個反攻復國的責任壓在他肩頭，我想他是一輩子也不願離開這個家的了！可是，就因為他必須負起他應負的責任，很快的，他又不得不再次離開我們了！

記得是四十年八月的一個晚上，陳辭公忽然駕臨到寒舍，他一來就和南兄兩個人關起門來在客廳裡細談，當我親自送茶進去時，只聽見辭公說：

「那邊一切都很落後，不過那些部隊如果能加以整編，好好的運用，還是可以發揮很大的力量的。」

南兄回答說：

「環境困難沒有關係，只要那些人能夠發揮力量，有所作為，是可以試試看的。」

這樣，他又再次的接受了一項艱辛的使命！很快的，命令下來了，南兄奉派為江浙反共救國軍總指揮兼浙江省政府主席，負責指揮整理大陳島一帶的海上游擊部隊。在九月九日的清晨，他就以秦東昌的化名，帶領少數隨從從基隆乘中鍊艦出海了。

大陳島是屬於浙江省溫嶺縣的一些島嶼，和大陸匪區極為接近，分上大陳和下大陳兩個島，附近還有一些小島，那時只有幾千游擊健兒分布在那些地方，他們既非正式編制，又無後勤補給支援，大陳島本身也不在美第七艦隊協防線內，島上居民只有一、兩萬人，在一般人看來這是一個毫無政治價值的地方。可是從軍事的觀點來說，如果能好好的加以經營、建設，卻是一個優良的反攻前哨，很可能發揮巨大的作用的。南兄自西昌來台之後，正在苦心積慮，怎樣的去為國家拚一下命，以報效領袖，報效同胞，所以這在一般人看來毫無價值的不毛之地，和絕對不能討好的苦差事，在他看來正是求仁得仁，所以欣然應命。在他動身的前夕，曾經對我說：「霞，我這次出去，不知道什麼時候才能回來，望你在家好好的帶領兩個孩子，安心的等待，只要那邊的事略有頭緒我就會寫信回來的，如果一時沒有消息也不要慌張，你知道我會想著你們的。」在過去他從來沒有這樣的叮嚀，我想他這次去的任務是不容易的。

他到大陳之後，最先是住在下大陳溫嶺王縣長家的樓上，三個月後才移居到上大陳的大岙裡，那裡一面臨海三面靠山，雖是島居卻像山居，他素愛山水，那新居建築雖很簡陋，但他很有在那裡久居之意，在四十一年元旦，他寫信給我說：「此間工作順利，在這新年開始，但願一切的一切都能從頭做起，重新創造！」

當然，這工作是異常艱巨的。南兄為了要把這樣一個荒島整頓成一個堅強的反攻前哨，真是殫智竭慮、廢寢忘餐，集中了全副的精力去幹的。在他到那裡的第三個月，有一位參謀人員因公來台，順便帶了一封家信給我，我問他那裡的情形，他告訴我，那裡的一切都比台灣要落後五十年，有的地方甚至要相差一世紀。我問他南兄在那裡的生活，他說：「他太忙了，根本沒有時間想到自己的生活，對於他，高樓大廈和竹籬茅舍都是一樣的。」剛好那時我妹妹從國外帶來一罐咖啡精和一盒巧克力糖，我就托來人帶去給南兄，我想他總不至於連這一點現代文明都覺得是多餘的吧？

他去後不到半年，那裡的情形就大為改觀了。各地的游擊隊經過整編後力量大增，機帆船加添了好多，外圍小島的防務加強了，像披山、竹嶼那些小島，當他剛去時是一片荒島，到了第二年春天已經大為進步。居民的茅屋完全修葺一新，剛開闢的田園已是綠油油的一片，山頂上建了瞭望台，台上旗幟招展，顯出一番新興氣象，他對於這進步感到頗為滿意，不過，因為那裡的生活太苦，在台灣的一般人士，不大肯去幫忙，所以他對於建設和領導的幹部感到不夠，他認為一件事只是有計畫、有智慧，而沒有實行的人，沒有實際負責實施的人，仍然是不能完成的，於是就決定辦一個訓練班，訓練幹部。他一方面著手籌辦東南幹部學校，一方面電呈最高當局，請派一部分正規軍去那裡任防守的職務，他知道游擊健兒的長處不在防守而在襲擊，如果各島有正規軍防守，游擊隊就可以用來作突擊大陸的力量了。這樣我們反攻大陸的可能性將大為增強，而反攻時勝利的希望也更大，他這一計畫雖因各種原因致未能完全實施，但一部分是辦到了的。

他的主要目標，不只是防守而是攻擊，所以一開始就在計畫著突擊的行動，為了積極展開這一行動，他自己經常於驚濤駭浪之中乘一葉扁舟去各島視察，向各地游擊健兒講話，為他們解決問題，和他們共同生活，那些粗獷豪邁的海上英雄，看見這年過五十曾領百萬雄師的大將這樣的不畏艱辛、不畏危險，如他們自己的家人父子一般和他們生活在一起，他們怎麼不深受感動呢？他們都說：「只要是先生要我們做什麼我們是萬死不辭！」因此，當他一聲令下，號召大家向匪占領下的土地施行突擊時，沒有一個不摩拳擦拳欣賞應命的。

從民國四十一年三月，離他去大陳才半年的時間開始，一連串的突擊行動展開了。三月突擊大麂，四月突擊洞頭，六月突擊黃礁，七月突擊南麂，八月突擊下馬海，十月突擊沙埕港、寨頭、雞冠山，十一月……不到一年的工夫，在匪所盤據之各地突擊了幾十次，其中戰果最為輝煌的有白沙、黃礁、松門、沙埕港、雞（冠山）羊嶼，大小麂山諸戰役，前後斃傷沿海匪軍三千多人，生俘匪正規軍陳毅、吳化文等匪部一百四十一員名，匪幹民兵三百六十九人，大小匪砲二十多門，和各種武器幾百支，另外又捕獲匪艇兩艘，和英國資匪的大型商輪安利號一艘。因此在那個時期江浙沿海匪軍真是風聲鶴唳，時刻憂慮我強大游擊武力的堅強突擊，而事實上他們對整個局勢的穩定都發生了很大作用，就以浙東南地區來說，當時被我牽制的匪正規軍就有二十一、二十二、三十五三個軍和公安地方部隊等不下二十萬人，使他們長期凍結現地，無法轉用於朝鮮或北越戰場，可見當時之游擊武力，已形成大陸匪軍之重大威脅。而以實際戰果來說：其中尤其是突擊浙南沿海島嶼南、北麂之役，我方游擊健兒只有五百人，但因個個以一當百，所以不但搶上灘頭並且實際占領該地達二十四小時，直到匪大部隊趕到，才帶被俘匪幹民兵，安全撤回大陳。而十月間雞冠山之役，南兄親率健兒一千多人登陸浙江南部島嶼，在敵我優劣懸殊的態勢下，大獲全勝，捕捉匪幹十六名、民兵三十多名，這種種冒險犯難所創的奇蹟，震驚中外，各報都以顯著的地位刊登這消息，台灣各界得到捷報之後紛紛組團前去慰勞，這時當年西北盛事似乎又依稀出現了。由於這一連串的勝利，中央方面對這個不久以前還是最落後的海上荒島開始注意了，於是兵源和補給源源而來，海上交通也大為進步了。到了民國四十二年，上下大陳都已有了相當堅強的防務，連附近島嶼也有小部分的正規軍加入防守了。

由於這一切的進步，使得南兄深感前途大有可為，高興之餘，工作也更為積極了，一方面建設，一方面突擊，當那建設台灣、反攻大陸的口號在台灣本島開始叫得響亮的時候，南兄卻正默默地在做著小型的建設和反攻的工作，除了上面提到過的一連串突擊的勝利之外，四十二年的春節又有飛雲江口海戰的勝利，這一役他們不但虜獲了不少匪方的人員、武器，居然還把兩艘砲艇，鴨綠江號和閔江號也給捕捉來了。同年七月南兄又率部登陸羊嶼和閩浙交界的南鎮，給敵人以重大的打擊，雖然後來因敵人大部隊的到達，他們不得不退回船上，但他總算又再一次的占領過共匪盤據下的大陸土地了，他以最後一個高級將領在大陸全部沉陷前離開大陸，而又以一個在台的高級將領最先再踏上大陸的土地，這一史實是應該和中華民國的歷史永垂不朽的。所可惜的是他竟沒有更多的機會使他能作進一步的努力。不然，誰又能斷定他不能就從那裡為國軍大部隊開出一條踏上大陸的大道呢！

四十二年夏天，當南兄正在興致勃勃的建設著這一片新興的反攻前哨及繼續向敵人展開突擊時，忽然消息傳來，政府對大陳的工作有了不同的布置，這新的發展，使他不得不停止原來的部署，兩年經營幾將幻滅，大陸路線竟亦中斷，生而不易，求死更難，百戰英雄不禁涕淚縱橫無以自慰了！

那年八月，南兄終於又回到台灣，回到我的身邊。那時我們的第三個孩子，女兒美美，已經七個月大，事業雖然無成，但有兒女成行也可聊以自慰。不久他又奉命入國防大學進修，研究學問本是他一生的興趣所在，過去想多讀點書而不可得，現在有機會讀書也未嘗不是不幸中之大幸。從那時起至四十四年去澎湖任防衛司令官止，他有將近兩年的時間在台灣，白天在學校上課，晚上回家休息，在這個時候，他才真正的開始享受到家庭生活的樂趣。

這時孩子們慢慢的長大，老大從幼稚園而進小學，老二從搖搖擺擺走路而開始上幼稚園小班，老三從牙牙學語而長到會叫爸、叫媽。他晚上回家就是逗小兒女玩，兩個男孩每晚都要在爸爸跟前唱兒歌，學兵操，玩上個把鐘頭。作爸爸的一到孩子跟前也就什麼憂愁煩惱都沒有了。他對於孩子簡直是近於溺愛。我們家的生活簡單如昔，但對於孩子他卻願意多花一點錢，每晚回家，總不會忘給孩子們帶零食的。可憐他從小無母，沒有享受到家庭的溫暖，長大以後又經常生活在軍旅之中，度著枯燥刻苦的日子，就是結婚以後，也因軍務倥傯，無法親近妻子兒女。這次回家，能夠過一段家庭生活，就想把過去所失掉的，統統的給補上。所以在家的時候真不知要吻小女兒多少遍，抱著小兒子不放下。有時甚至讓孩子騎在背上學騎馬！當廣兒還沒有進小學時他就開始教他下象棋。常常父子兩人聚精會神地在客廳下一、兩小時的象棋。他喜歡買東西給孩子們吃，自己卻永遠不去嘗的，所以常常會買些小孩不能吃的東西。有時我想埋怨他，但話到口邊又嚥回去了，想想他能夠這樣已經是很不容易了，我為什麼還要掃他的興呢？記得有一次我因母親病重去桃園鄉下，陪伴她老人家，就把孩子都交給他照顧。那時正是舊曆的元宵節左右，我在母家住了幾天回家，一進門就看見飯廳小桌上擺著一盒未煮的元宵。就問廣兒說：

「廣廣，這元宵是誰送的？」

「是爸爸買回來的。」

「你們吃過沒有？」

「吃過了。」

「很好吃吧？」

「難吃得很，小弟吃了半個就吐了。」

我覺得很奇怪，為什麼小孩子會這樣的不喜歡元宵呢？就再追問下去：

「為什麼小弟吃了會吐呢？是阿英沒有煮熟嗎？」

「阿英本來就沒有煮，爸爸那天一買回來就叫我們吃，他說元宵節是要吃元宵的，這東西很好吃叫我們趕快吃，我吃了一個吃得滿嘴都是白粉，那味道又鹹又甜，吃到喉嚨乾乾的噁都不好噁，小弟吃一大口，就咳嗽起來了，結果把晚上吃的飯都吐出來了。他怕爸爸罵還大哭了一場。後來爸爸哄了他半天他才不哭。」

我想，真是天曉得，這位糊塗的爸爸竟拿生元宵給孩子們吃。他們沒有生病還真是幸運的呢！這段時期我們夫婦也總算享受到一點唱隨之樂。他喜歡郊外生活，周末假日我們常常去郊外旅行。新店的碧潭是我們常去的地方之一，我們去碧潭有時爬山，有時划船。有時就在碧潭上面的碧亭喝茶聊天。碧亭主人是個失敗的煤礦主人，有七、八個兒子，大的幾個已經在外工作，小的幾個仍在讀書。在家幫忙兩夫婦的是他們的第二個女兒，那位小姑娘當時有十七、八歲光景，長得眉目清秀，儀態嫺雅，我們去時常常是她來招呼的，慢慢的和她混熟後又進一步的認識了她的雙親。在雨天客人稀少的時候，老闆就會自動的叫女兒給我們添上一些花生、瓜子，前來和我們談天。兩年下來，我們竟成了好朋友。好多次他們都不肯收我們的茶錢，有一次我稱讚他們的茶葉好，老闆娘馬上叫女兒包上一大包的文山茶硬要我們帶回去，在回家路上，南兄感慨地對我說：「禮失而求諸野，想不到他們倒這樣的有人情味，在這個時候我們能交到這一家朋友倒也不差呢！」

後來我們向老闆建議，由我們送他的女兒去台北讀高中（她已初中畢業），卻被他婉拒了，不久這位小姐被一位少年有為的海軍軍官看上而做了新娘。

民國四十三年十月我們又添了一個女兒，上帝真恩待我們，使我們這麼完備，兩個男孩子都很聰明，兩個女孩子都很美麗。這個女兒我們給她取名「為明」，象徵著光明在望，象徵著國運前途的光明。在明明十個月大的光景，有一天南兄從外面回來，一進門就問我有沒有興致陪他去散步，自然，我是有興致的。

我們只是到台灣大學，那是我們常常散步的地方，那天我們照例的從大門口就下車，兩個人手挽著手從校園的這一端慢慢的走到那一端，當走到盡頭往回走時，南兄忽然偏頭過來問我說：

「霞，我現在去外島工作你覺得怎麼樣？」

「很好，去哪裡？」

「馬公。」

「馬公？那是什麼地方？重要嗎？」

「就是澎湖列島的主島，是一個很重要戰略區域。」

「那你準備什麼時候去？」

「這幾天內就走。」

原本一切又都是安排好了的，命令也已經下來了，他去那裡任澎湖防衛司令官。

不知道是有意安排的呢，還是偶然的巧合，南兄這次出門又是九月九日。上次去大陳是民國四十年九月九日，這次去馬公是民國四十四年九月九日，上次出門時次兒德德正在牙牙學語，這次出門，次女明明也正在牙牙學語。當他動身的清晨，我抱著明明在門口和他揮手告別，眼看著他的座車在巷尾消失後我低下頭來默默的禱告說：「主啊，請你祝福我這位永不灰心的丈夫！」

他到馬公之後，就積極致力於建設——軍事上的建設和地方上的建設。從這時到民國四十八年的四年當中，他把澎湖從一個沙土飛揚、地瘠民貧的列島，建設成堅強的軍事堡壘及美麗的海上公園，他在澎湖的貢獻當時在那裡任縣長的李玉林先生曾有詳盡的報導，而澎湖各界也沒有不對他發出由衷的感佩而至今念念不忘的。

他到那裡不久，就發現當地駐軍有許多問題急須解決，他對士兵的愛護是出於天性，從作排、連長起，就待士兵如手足，後來年齡愈大，經歷愈多，對士兵的體貼和關懷也更深切。這次一到馬公就去各島視察，發現有些士兵因生活上或健康上的問題，有心理不正常的現象，他心裡非常著急，曾經在一封給好友的信上說：「如果我們要訓練一批鐵的隊伍，就必須從心理上把他們訓練成鐵的意志，而這種意志的培養是要把那些妨礙心理、生理的健全發展的因素根除才能辦得到的。」

於是他開始從精神的鼓勵和物質生活的改善雙方著手。他為年輕的軍官爭取受訓的機會，替年資已足的軍官保舉升級升階，他獎勵能文的軍官寫文章，他也提倡各種運動射擊等競賽，同時他又實行休假制度，改良醫療設備，舉辦康樂活動，推動軍中教育，此外他要管總務的人員積極改善伙食，管軍眷的人員趕快建設眷舍。總之，凡是對官兵精神或物質生活有利的各種措施，他都加速推行，這樣不到幾個月的時間，士氣大大改進了，官兵情緒大大提高了。這時他想到如要使澎湖成為一個堅強的堡壘，光是軍事上的建設是不夠的，必須政治上也有進步，軍民互相配合才能發揮最高的力量，因此他對於澎湖的地方建設也積極推進，一方面改善民眾生活，建立社會秩序，一方面美化環境，建築道路。為了完成這一切的計畫，他也和澎湖縣府取得密切的合作，當時的澎湖縣長，因為受了他這愛國愛民大公無私的精神感召，對他非常敬愛，後來回到台北就成了我們家庭的朋友。

他自己呢？一忙起來就把家庭兒女又忘記了。在澎湖的四年當中除了四十五年四月間曾去美國考察了幾個星期之外，很少離開澎湖。因此很短的時間內就有了極優良的成績。

記得是四十六年的春天，一個傍晚時候，我家的電話響了，我拿起聽筒一聽對方是一位女士的聲音，起初我猜不出是誰，問明之後，才知道是監察委員錢用和女士，她對我說：

「胡太太，我剛從澎湖回來，我是和皮總幹事她們一同去那裡參加軍眷住宅落成典禮的，我們發現那裡的一切實在進步得快了，我們大家都覺得胡將軍真是有魄力，真是有辦法，所以一下飛機就忍不住要打電話來恭賀你！」

我聽了很高興，就問她對那邊有些什麼觀感，她說在民國四十二年時她們曾經去勞過軍，那時馬公是一片黃土，風沙飛揚，民生困頓，地方極為貧瘠，這次再去卻發現沿途廣原綠野，高粱玉黍滿植田畝，而馬路平坦，市區繁榮，道路兩旁，樹蔭茂密，人民衣履整齊，笑容滿臉，整個地方簡直是換了一個世界。那新建的軍眷區更是值得稱揚，該處自來水、防風牆都有，一切設備周全，眷宅建築材料都是以岩石築成，堅固美觀，非常實用，說著又對南兄的創業精神和愛民措施讚不絕口，這個電話整整的談了十五分鐘。她的電話剛擱下，和她同去的另一位委員趙筱梅女士又打電話來了，她也告訴我對那邊建設的驚人發展實在值得讚佩，回到家裡感到有不能不打電話的意念。第二天我在婦聯會碰到皮總幹事，她又對南兄在澎湖的建設大大的稱讚了一番。

建設澎湖實在是不容易的，那是個風區，除了極短的一、兩個月，可說是整年都是風季，由於風大的緣故，不但不容易種樹，土壤的成分也差，因而農作物不易種植。南兄一到那裡，就看出這種情形，認為要改善澎湖地方環境，第一要務是植樹。領駐軍種植了一萬多株樹，以後又每年都利用四、五月風和日麗的日子，發動軍民種樹，四年內種植了好幾萬株，同時他又和台灣的農復會聯絡，邀請該會專家，帶著各種種子前去教導人民播種並改良土壤。使得一個完全靠台灣供應蔬菜的外島，後來不但自己有足夠的蔬菜，甚至還有些瓜果蔬菜可以外銷。此外因為該地居民大多數是漁民，漁民最重要的工具是漁船，為了使漁者有其船，他又替他們接洽銀行貸款，為他們造船，結果漁業大為發達，漁民生活也就大為改善了。

當然他是一個軍人，他是永遠不會忘記了他在建軍方面的工作的，對於當地的駐軍，除了上面所說的精神和物質方面的各種措施外，在思想上、觀念上他也在指導和鼓勵，他經常去各地巡視，對各單位官兵講話，他要求大家要與總統共患難。他說：「我們不僅是對朋友對同志要共患難，更要與領袖共患難。在今天這樣一個時代，大家局促在台、澎，風雲變幻波濤險惡，凡我同志必先與領袖共患難，然後才能講到效忠領袖。」於是他提出共患難最起碼的四個條件：（一）不發牢騷。（二）不計較待遇職位。（三）不悲觀、不消極、不洩氣。（四）在學術上，在工作上，在思想上對自己有成就，對團體有貢獻。

他這種精神、物質，與心理建設一齊並進的努力，終於在四十七年八．二三金門炮戰後發揮了很大的作用。在金門炮戰持續當中，我們在台灣的人，只知道金門炮戰的壯烈，海軍搶灘的驚險，而沒有注意到支持金門作戰力量是哪裡來的，更不知道那些搶灘的準備工作是哪裡做的，其實在這一戰役中，澎湖方面是擔任了重要的任務。

早在八月初旬，當他們得到敵機進駐龍溪、漳州、澄海、運城的消息時，就知道台灣海峽將受威脅而在作緊急備戰的準備。從那時開始，南兄就開始日以繼夜的巡視各地，對部隊長指示機宜，使澎湖駐軍在精神上、實質上都成為一個鋼鐵般的堡壘，當八．二三炮戰發生後，澎湖不但在軍需兵員補給轉運工作上發揮了最大的效果，同時更對撫傷、送死也負起了沉重的責任。四十七年八月二十三日那天，匪向金門發炮兩萬多發，趙家驤、吉星文、章傑三位將軍殉難，二十四日晚他們的靈柩就運到澎湖，南兄懷著極端悲悼的心情，親自照料一切，連夜為他們布置靈堂，主持祭奠，安排殯葬，從二十四日至二十六日三天三夜，只睡了幾小時，接著充員兵士及傷亡官員陸續運到，防衛部一面連夜整理公墓，一面救護傷患，而這時政府要員來往頻繁，接待會議連續舉行，再加澎湖本身防務的加強，從八月二十三日至九月二十四日，整整一個月的時間南兄是睡眠無時飲食無心，何況這段時期領袖多次蒞臨該島，一切安全措施也極費心機，如果不是事先有充分準備，實在不容易那麼圓滿的達成任務呢！十月間金門情勢略為和緩，南兄才稍為鬆了一口氣，但對於主要的工作是無時放鬆的，在國慶前夕，他對防衛部負責各單位所提出的要求是：（一）全力支援金門運輸，（二）加強建築營房，（三）改組伙食團，改善官兵伙食。

那年十一月×日是南兄六十壽辰。南兄是素來不喜歡做壽的，自從我倆結婚以來，他從來沒有做過壽。記得在我們婚後第一年我曾在他生日的頭一星期寫信去西安準備屆時去那裡和他共度良辰，他回信卻說：「妹之盛意兄當心領，時局如此緊張，報國無能，正感惶恐萬分，何敢言壽……」拒絕我去，我只好給他寄一件親手織的毛線背心去略表心意，從那次以後，我只是在他生日的時候寄封信或送點禮物去致意，再也不談形式上的慶祝。在四十七年的這個生日，因為是花甲之期，幾位知交好友就曾向我提議想為他熱鬧一下，我知道他是不會答應的，但他們總覺過意不去，結果推請了羅先生和趙先生於十一月二日到澎湖去接他回台北，他倆去後和他談了很久，他無論如何也不肯。他說：「海峽偷生，匆匆六十，慚愧悲苦，何能做壽？且待二十年後再作考慮。」他們兩位拗他不過，只好作罷。回來以後，他們曾到浦城街看我，說到南兄說過了二十年後可以考慮的話，羅先生很有信心的說：「我想二十年後他八十歲我們再給他做壽，他一定會答應了。」當時我們誰會想到以他那樣強健的體格和充沛的精力，這一句話會不能實現的呢！

四十八年元旦，他向集合在大操場的五千多名官兵說了簡短的一段話：

「在這新年的開始我要向各位說的只是很簡單的幾句話。第一要面帶笑容，朝氣奮發。第二要愉快樂觀。第三要約束自己，不要過分。第四要先求對自己有成就對國家才有貢獻。因此我們要提出三個口號，學習第一，工作第一，戰鬥第一。在做人方面，我們應該厚以待人、嚴以律己，以貢獻代替占有，以力行代替空言，以冷靜抑制虛妄，以理智克服衝動！」

這些都是他的肺腑之言，是他自己身體力行了三、四十年的，這些話無論是在十年以後，二十年以後仍然不會減低它的力量的，可惜年輕一代的官兵，都再也沒有機會聽到他親口的教訓了。因為在這以後不久，他就回到台北進國防研究院研究，畢業以後也沒有再回澎湖。

大約是在四十八、九年之間，曾經數度傳出，領袖要他出來擔任某種要職，有人以此問他，他總是笑而不答，有一天我偶然的提起別人的猜測，他向我看了一眼，哈哈大笑的說：

「怎麼？你也希望我作官？我想這可不必了吧！告訴你，我現在唯一的願望就是打回大陸，反攻不開始，一切都談不到。」

他沒有灰心，他從不失望，雖然十多年來他內心充滿悲苦，但從未失掉鬥志，只是他所念念不忘的是國家的命運，民國的前途，並非個人的出處。耶穌說：「人子來了是服侍人而不是受服侍。」他所服膺的就是這個道理。他來台灣之後，他所能做的事好像都做過了，所剩下的當然就是那念茲在茲的反攻復國的大業，報仇雪恥的責任。假使有一天反攻的號角吹響時，他是會再接再厲，繼續的奮鬥下去的。

求學問道

「無官一身輕，有子萬事足」這是我們古老的人生哲學，以現代人的思想來說，這當然是落伍的了，不過以我們家那幾年的生活情趣而言，卻正是這個樣子。自澎湖回台後，南兄是先在國防研究院受訓，畢業後改任總統府戰略顧問，雖然一直是現役軍官，卻始終沒有擔任實職，不必按時上班，生活既清閒，行動也少拘束，可說這是他生平最優閒，最自由的一段時期。而這時我們的四個孩子，最大的只有十一、二歲，最小的四、五歲，正是天真無邪，活潑可愛，最能慰親、娛親的時候，每當周末假日，夫妻倆攜兒帶女，遊山玩水，確是享盡人間清福！

而讀書本來是人間樂事，所以在國防研究院的那段歲月，南兄過得非常快樂。該院主任張曉峰先生是南兄的三十年老友，對於他的學問品格他是素來極為欽佩的，這次能在他那裡求學問道，他深以為幸，有一次張主任對他們講養天自樂，畏天自修，事天自強，知天自足之道，他很有所感。回家後把他所記下來的，交給我整理，留作以後的參考。另外一次張主任對他們講解「領袖的革命經驗」，解釋領袖的革命精神為大無畏精神，並把它從消極和積極兩方面加以說明。他認為消極方面是：「不悲觀，不失望、不灰心、不動搖、不煩悶、不躁急、不苟安、不妥協、不懈怠、不退縮、不間斷、不推諉，不求近計、不急近功、不投機取巧、不依賴僥倖，不屈不撓、堅忍不拔。」他又認為消極方面還包括「逆來順受」的道理，就是：「能忍耐方能持久、能持久方能成功，要知橫逆與憂患之來，正是增進德業智慧的機會。」而在積極方面他認為是：「自愛、自重、自反、自立、自助、自勵、自信、自榮，自強不息。」以及「堅毅、堅忍，堅定站穩，和奮發、奮勉，奮鬥到底」。做事「只問耕耘，不問收穫，只有是非，決無利害。要忠誠負責，樂觀進取，既不可有成見，又不可無定見，要居之無倦，行之有恆，正如總統所說的無畏由於無私，無私由於無我，既已獻身革命則為國犧牲在所不顧，一息尚存，此志不渝。」南兄認為他這段話非常精采，每句都是至理名言。一個人能做到這些也就足夠了。

除了良師還有益友，他們這期同學都是現社會各方面已有成就的人物，很多都是有思想、有見解的飽學之士，他是個素來愛才若渴的人，能夠和這麼多人才在一堂做學問怎麼不高興呢！而且他們這班人都是年過半百飽經憂患的，現在能夠重作學生，重溫青年舊夢，也都感到格外有興趣。所以大家相處在一起生活過得很是輕鬆愉快。他們白天上課，晚上自修，除了南兄個人得到特許，可以每天回家住宿之外，其餘同學都是住校的。每晚在自修之前他們有一段休息的時間，同學就利用這時間大家聚在一起談天說笑。他們把聚會那間客廳美其名為「龍門廳」，而南兄雖然不住在院裡卻是龍門廳的常客。同學們有許多是老朋友也有些是新認識的，但大家對他都非常親愛，龍門廳裡只要有他在座，好像就格外有了生趣，大家的「龍門陣」也就格外擺得起勁。幾個月下來，南兄在同學當中已成為最受歡迎的人物了。

因為環境的優良，和氣氛的和諧，南兄的學習興趣也非常濃厚，他不但對各種專題認真研究，就是那些龍門廳上的故事和笑話也學了不少。常常當他晚上回家後就會把新聽來的故事或笑話講給我和孩子們聽，日子久了，當孩子們要他講故事時，他就會把那些說過的故事又再一遍一遍搬出來，記得有一個叫作「無雞之談」的故事他就不知道說過多少遍。這個故事的大意是說從前有一個地主，非常貪小便宜，每年佃農去繳租時必須帶禮物去送他，如果不送禮，他就會把田租給別人。有一個叫張三的佃農，知道地主的脾氣，每年去繳租時，總是帶雞去送他的，這一年因為田裡收成不好，他把家裡的雞都賣掉去買米繳租，就沒有再帶雞去送了，那地主見他進來手裡並沒有提著雞，就自言自語的說：「此田不合張三種。」張三一聽不對，趕快去親戚家借了兩隻雞送去。他遠遠看見那兩隻雞就又自言自語的說：「不給張三又給誰？」張三走後，那地主的兒子就問他父親說：「爸爸，您怎麼說話前後矛盾，一下說不給張三種，一下又說不給張三又給誰。」他爸爸聽了罵他說：「你這蠢才，怎麼連我的意思都不懂，我前面說的那句是無稽（雞）之談，而後面一句是見機（雞）而作呵！」孩子們聽慣了這個故事，到後來，只要他爸爸說要給他們講故事，他們就會叫著說：「爸爸，可不要見機而作呵！」

由於讀書生活的清閒，他在家的時間比較多，和孩子們接觸的時間也就多了。倒是在這段時間，他對孩子們真盡了些教養之責。除了經常帶他們出去玩，和他們一同下棋、打球或聽他們唱歌、講故事之外，他還常常利用機會給他們教訓，尤其是對於兩個男孩子，他常常單獨帶他們出去散步，同時利用時機和他們講些做人做事的道理。我們大的男孩廣兒，自小表情呆板，木訥寡言，他每看見兒子臉孔板板地閉著嘴不開口時，他就會笑嘻嘻地叫著說：「廣兒，來，講個笑話給爸爸聽。」或是直截了當的對他說：「廣兒，要面帶

笑容！」我們的第二個男孩小的時候比較愛哭。常常只要妹妹們占了他的便宜，或是什麼事不如意，他就會嚎啕大哭，南兒很愛這個孩子，但又很討厭他哭。有一天，他剛從外面回來，一進門就聽見德兒的哭聲，他什麼都不問，就把他叫到後面房間裡，狠狠的給他打了十下手心，孩子痛得臉都脹紅了，但已不敢再哭。事後，我對他說，這次哭並不是德兒的錯，實在是他受了委屈。他說：「我打他並不是他有別的不對，只是他的哭，一個男孩子，常常哭多麼可恥。」於是他把德兒叫去，問他說：「德兒，你是不是好男兒？」德兒回答說：「是。」他說：「那麼記住，男兒流血不流淚！」接著他又問他：「德兒，你是不是大丈夫？」孩子說：「是。」爸爸就說：「記住，丈夫有淚不輕彈！」從那以後，德兒只要想哭，就會想到爸爸給他說的話。果然，後來就慢慢的把他那好哭的習慣改掉了。

對於女孩子，他所最注意的是安分，不要她們到外面去跑，有一次當我們從外面回來，看見兩個女孩在門前和別的幾個孩子玩耍，他要我把她們馬上叫回來，給各人打了十下手心，我當時心裡很難過，覺得這不是孩子們的錯，假如我們的房子大一點，假如我們有一個可供孩子玩耍的院子，孩子們也不會到外面去了。但我沒有把這意思說出，只是告誡孩子，以後再也不要跑到門口去了，因為女孩子在門口玩是不適宜的。

他不但注意孩子的言行，也很注意自己的行動言語，無論在什麼時候他總是衣冠整齊的，在很熱的天氣，他還是襯衫西褲穿得整整齊齊的在書房裡看書或和孩子們下棋，我看他那汗流浹背的樣子，就勸他把襯衫脫下，涼快一點，他卻說：「在孩子們面前這樣服裝不整的怎麼可以！」我們的孩子就從來沒有看見他們爸爸穿著汗衫短褲的，他在孩子面前講話也很小心，從來不疾言厲色，不說粗野的話。有一次他情緒不好，忽聽見兩個小的孩子不知爭什麼東西又哭又叫的，就忍不住說了一句：「你們兩個真是混蛋！」說了以後非常後悔，晚上睡在床上翻來覆去的睡不著，我問他有什麼心事，他說：「我真不該今天對兩個孩子這麼粗野！」我說：「偶然說一句也沒有多大關係。」他說：「這怎麼可以，作父母的自己說話不檢點還配教訓子女嗎？」我覺得他這話也對，這次對他自己倒是一個教訓！

他不但注意言行，對孩子們也很守信用，凡是答應他們的事沒有不辦到的，因此他在孩子們心中真是一言九鼎，很有分量，有一次他答應給廣兒買一部名著，那知那本書在台灣沒有再版，他一連走了好幾家書店都買不到，第二天又再去街上找，結果找遍了所有台北市的書店也沒有找到，最後他跑到陽明山的圖書館去，總算把那本書借到了，晚上當他把書交給兒子時還說了一聲：「廣兒，對不起，晚了兩天才給你！」兒子拿到書，很平常似的拿去看了，可是他哪裡知道作父親的費了多大氣力呵！

民國四十九年春天，小明的眼睛在台大醫院開刀，我陪她住在醫院裡，小明想爸爸，起初不肯住院，後來她爸爸答應每晚去醫院看她，她才勉強同意。我們在醫院住了將近半個月，她爸爸果然每晚一吃過晚飯就到醫院去看我們，去時總是帶點水果或孩子喜歡吃的東西。因為明明眼睛是矇著繃帶的，什麼都看不見，她爸爸總是坐在床邊椅子上，拿著她的小手，餵她吃東西，給她講故事，直到九點左右她想睡了才離去。有一天因為臨時有事，過了九點她爸爸還沒有去，明明就等著不肯睡覺，我哄著她說：

「明，我給你放下帳子睡吧，爸爸一定是有事，今晚不會來了。」明明卻回答說：

「不，我不要睡，我要等爸爸，他一定會來的。」

到了十點鐘光景，醫院裡已是靜悄悄的了，護士們量過了病人的體溫也都去休息了，我想南兄今晚一定不會來了，就關上房門準備休息。正在這時，走廊上卻響起了腳步的聲音，明明馬上叫著說：

「媽，快把門打開，一定是爸爸來了。」

我有點不大相信，腳步聲卻已停在我們的房門口了，打開門來果然是他，我輕聲的說：

「你怎麼這麼晚了還來呢？」他回答說：

「我答應了孩子的，怎麼能夠不來！孩子睡著了嗎？」我一邊關門一邊笑著說：

「哪裡，她對你很有信心，說你一定會來的，我要給她放帳子都不肯呢，你們父女倒真講信用！」睡在床上的明明，聽我這麼說，就興奮地接下去說：

「可不是，我和爸爸的心是一條線啊！」

作爸爸的聽女兒這麼一說，心裡大為感動，連忙跑過去捧住她的小臉吻著說：

「當然，小寶貝，爸爸和你的心是連著一條線的啊！」

此情此景，好像就在眼前！

當南兄在國防研究院時，他所最感遺憾的，就是自己的英文程度還不夠輕易地閱讀那些有關政治及國際問題的高深著作，同時對於國外學者的專題演講也沒有能完全聽懂，畢業以後他就決心要重新研讀英文，希望在一年之內閱讀聽講都不致再成問題，他把這個計畫分三方面來進行，他訂了兩份英文報，每天下午用兩小時的時間看報，並把所有的英文生字都寫在一本小簿子上，把那本簿子放在衣服口袋裡，每天一早就跑到附近的空場，如新店的田野，萬盛里的溪邊或景美的橋頭，一邊散步一邊讀英文生字，通常總要讀上十四、五分鐘到一小時。回家以後就把那些記得的新字編成句子來問我，有時那些又長又大的新聞字彙我也聽不懂，於是他就會哈哈大笑的說：「看，你也給我難倒了吧！」起初倒還未必，到後來，有些他所知道的專有名詞，我可真的不知道了！

另外他還請了一位英文老師，每星期二、五上四小時的課，這是正規的學習，在他的書房裡有一塊小黑板，那位老師就像在普通學校教書般的教他，功課包括讀本和文法，有時也要他朗誦或背生字，他對於上課非常認真，非萬不得已是從來不缺課的，老師指定的作業，他必按時交卷，從不推諉，那位老師對於他這種讀書精神非常佩服，曾經私下對他的一位朋友說：「現在補習英文的要人很多，但像胡將軍這樣認真而虛心的，卻是少見，讀書尚且如此，他當年治軍的嚴明，執政之認真是可想而知了。」

第三種方法倒是很輕鬆的，而且我也沾了光，他聽人家說，英文發音和用字的準確要算廣播和電影的對白，看英語電影對學英文有很大幫助，於是只要有好片子，他就要我陪他去看。因此，在這段期間我們就成為電影院的老顧客了。普通一星期看一次，有時兩、三次，如有他認為特別有幫助的電影就連著看幾次，朋友們常常在電影院門口看見我倆，就讚嘆著說：「你看胡太太多有辦法，把這樣嚴肅的一位先生也訓練得如此洋化，每周都陪太太看電影了。」對於這種評語，我不但不聲辯而且極樂意的接受！

由於他這種全力以赴的作法，他的英文進步得很快，不到一年他確已能讀書、看報和普通的會話，到後來，當他和竹君姊查經時就常常用英語和他談話了。

大約是四十九年年底，他忽然覺得心臟有時跳動得很急，去請醫生檢查，又檢查不出什麼毛病，有朋友勸他打高爾夫球，他們說高爾夫球是年紀較大的人的最好運動，對心臟很有幫助，他們還以美國的艾森豪總統為例，說是他的心臟病就是打高爾夫球治好的。他起初不肯，一方面是他覺得打高爾夫太耗時，另一方面也是基於經濟的原因，不要說別的，單是一副球桿就要很大一筆款子。因此遲疑復遲疑，總是勸不動，最後有一位朋友自告奮勇的替他在一個外國人那裡找到半副，要他去試試看。半副球桿就有好幾枝，對於一個初學的人是夠用的了，他因盛情難卻，只好去了。打了幾天，覺得那麼大清早，在那綠草如茵，朝露如珠的高爾夫球場上漫步，確是有益身心，就決定打下去了。那半副高爾夫球桿還是舊的，但也要七十美金，他考慮了好幾天才把它買下。買來的那天，他從球場把它背回家，一進門就有點不好意思似的笑著對我說：

「看，我終於把它買下來了，這幾個月你就少買點菜吧，少吃一點對我們也有好處的。」

我對著那個長形的舊帆布袋和袋中的幾根油滑的木桿看了一眼，回答他說：

「菜是不能少買的，反正到了沒有柴燒時，我就拿它去當柴燒好了！」他聽了哈哈大笑。事實上他的打高爾夫球對於孩子倒是一件不受歡迎的事。自從他開始打球以來，他把身邊的零錢都拿去打發球場上的撿球小孩，再也沒有零錢為自己的孩子買零食了。過去，出去散步後，總會帶點零食回來給小孩，台大的福利社就是他常去之地，每次去台大散步，他總會去那裡買幾個冰淇淋三明治回來給孩子們的。這以後，他回家的時候就常常是口袋空空，兩手空空的了。不過這運動對他確是很好，最初幾個月他的飯量增加，體重也增加了。在球場上他常常碰見一些熟朋友，他們一打就是半天，其中一位孫先生和一位侯先生都是此中好手，看見他去，總是給他很仔細的指導，他最初打九個洞大約是六十桿，到後來就慢慢進步到五十桿了。如果碰到好天氣，又有好朋友同打，他就可能打上十八個洞，只要一百桿，如果成績不太差，他回家時會很興奮的告訴我：「今天打得還好，有幾桿遠的！」

一位朋友看他對高爾夫球發生了濃厚興趣，有一次出國之便就買了一副室內高爾夫送他。從此在天好的時候他到球場去打，下雨的時候就在家裡打，幾個月下來，儼然是個球迷了。在球場上他認識了好幾位新朋友，其中一位是陸軍上士。記得一個八月節的早上，我和他一同出去訪友回家，到了家門看見一個二十歲光景的青年穿著一身草綠色的軍服，手裡提著一籃文旦，笑嘻嘻的站在那裡，我正要問他那人是誰，他卻已慌忙的跳下車來，熱烈的握著來客的手，表示對他萬分的歡迎了，當我跟著下車時，他很親切的對他說：「這是我的太太。」然後對我說：「這位是李先生，剛從南部來的。」接著就招呼他到客廳去坐，和他談了足足有一個小時。等到客人留下那籃文旦很高興的辭去後，我問他什麼時候，在什麼地方認得這位青年的。他笑著說：「在高爾夫球場，他是我的撿球小孩，三個月前去當兵的。今天他是特地從桃園跑來看我的呢！」看見他對這位青年那樣由衷的歡迎，我實在是佩服他的胸襟和氣度。

在這個時期他除了讀書、運動之外，對於基督教的道理也開始加深的探求，前面已經提到自大陸來台之後，他就有慕道之心，後來他還和我一同跟戴師母查經，在大陳、在澎湖，他都繼續在讀經禱告。在澎湖的時候，有一位姓白的美籍女傳教士，她在那裡一邊傳教，一邊為痲瘋病患者治病，南兄對她那崇高的精神和愛心極為敬佩，常常請她去防衛部傳道，討論有關宗教的問題，許多台北的基督徒朋友，知道他有興趣研究道理，也常常給他寄些宗教的書籍去，張夫人還特別為他定了一份靈修日程，按期寄去，可是他總是停留在自我研究，自我尋求的階段，沒有進一步的成為完全的基督徒，這其中最主要的阻礙就是他不肯去禮拜堂做禮拜。有時我勸他和我一同去做禮拜，他總是說：「我只要相信道理就是了，又何必要做禮拜呢！一個人信道只要信在心裡，用不到去禮拜堂做給人看的。」一我勸他幾次他都不聽，後來有一位老教友問我，為什麼不請我的先生去做禮拜，我就把他的話告訴她，她很憂愁的說：「他這個想頭是不對的，因為做禮拜是基督徒的本分，《聖經》上說：『你們不可停止聚會。』同時據許多人的經驗一個人僅僅讀經禱告而不聚會，所發生的力量是十分有限的，在聚會中神往往會賜下更多的祝福，人的靈性好像炭火，大家在一起聚會就如同炭火堆在一起可以越燒越旺，如果挾出一塊放在一邊，那一塊必定會漸漸冷卻，人的屬靈光景也正是這樣，所以聚會不但需要而且是必要的呢！」

後來我把她的話告訴南兄，他雖然也承認這話有道理，但一個禮拜、一個禮拜的過去，每次約他去做禮拜他總是推託，一直到了民國四十九年的聖誕夜奇蹟才出現。

自從到台灣以來，每年的聖誕夜我總是去士林禮拜堂做禮拜的，最初是自己去，等到孩子們大一點以後就帶他們一同去，在孩子們來說，這已是慶祝聖誕的主要節目之一了，那年的聖誕夜早晨（十二月二十四日）廣兒問我：「媽，您想爸爸今晚肯和我們一同去士林禮拜堂嗎？」我相當肯定的回答說：

「恐怕不會吧！」

他說：「我們來為他禱告，也許今年上帝會感動他，使他願意去的。」

「好吧，我們不妨試試看。」

說著，我就坐下來拉著兒子的手，低頭閉目為他爸爸做了一個懇切而簡短的禱告。

到了吃飯的時候，孩子們都很興奮，尤其是兩個小的，還猜著今晚總統和夫人會送他們什麼禮物，因為每年聖誕夜，去做禮拜的小朋友都會收到一包總統和夫人送的禮物的。當孩子們講得起勁時，我朝著他們的爸爸看看，隨意的問他說：

「爸爸今晚和我們一同去好不好？」

孩子們聽我這一問，四對眼睛就不約而同的向他們的爸爸望去，等待著他的答覆，我想恐怕他還是不肯的，那知他卻很痛快的回答說：

「可以，我今晚和你們一同去好了。」

孩子們一聽開心極了，個個都站起來拍著手說：

「好極了、好極了，爸爸真好，爸爸和我們一同去！」

飯後，當我回房去換衣服時，廣兒溜進來悄悄地對我說：

「媽，感謝主，祂聽了我們的禱告了。」

到了九點鐘，當我們全家到達禮拜堂時，許多同道好友看見南兄去了都高興得不得了，紛紛前來和我們握手致意，尤其是戴師母，一面向我們微笑點頭，一邊起勁的彈琴，意思是說：「好啊，現在你們可真是全家歸主了。」

過了幾天，在官邸的茶會上，我報告夫人關於南兄那晚和我們一同去做禮拜的事，她也很高興的說：「是的，我知道，我看見他的。」

這以後不久，南兄問我竹君姊現在在什麼地方，我告訴他，她仍在神學院教書，他就說：「你想我們請她來查經她會答應嗎？」我說：「如果有時間，我相信她是會來的。」

竹君姊是我金大的同事，她是金大校長陳裕光先生的胞妹，品德超群，思想崇高，英文造詣很深，當年我們一同在金大時，我在政治系任課，她在外交系任課，我們雖不在同一系，但感情很好，她的年齡比我大一點，一直是像大姊姊一般的照顧我的，來到台灣以後，她在台北住過一段時期，再去美國修神學，十年前又回到台灣，把她的全部時間都奉獻出來為神做工，現在她在長老會的台灣神學院一方面教書，一方面傳道，極受學生與同道的愛戴，南兄對於她這種無我無私完全奉獻的精神非常欽佩，過去在外島，每次回台北都要抽空和我一同去看看她的，所以現在當他想到進一步的研究神學時就想請她來指導了。

那天他說過之後，我馬上寫信給竹君姊，問她能不能為這位迫切慕道的兄弟抽出點時間，她一接到我的信，立刻回信來說：「南兄既有此意，我還有不能抽空之理，請告訴他我下星期一就來。」

從那時開始，每隔一星期，竹君姊就來家和南兄查一次經，每次最少是兩小時，只要一打開《聖經》，他就有問不完的問題，有時竹君姊有約會，必須早走，他還是再三的請她再等一會兒，解答一個問題，又等一會兒，再解答一個問題，那種如饑如渴的問道態度，真是使人感動，《聖經》上說：「祢的話是我腳前的燈，是我路上的光。」又說：

「主的話就是靈，就是生命。」「教人活著的乃是靈，肉體是無益的。」「饑渴慕義的人有福了，因為他們必得飽足。」「你們必曉得真理，真理必教你們得以自由。」我相信在這個時候，南兄的心靈已完全的解放，除了追求道理之外，一切名利、事業早已置之度外了。

他的求學精神已經足夠使人羨慕，而他的問道精神更是使人驚奇，竹君姊是個極為虔誠的基督徒，她曾經為多少人講道查經，可是她說，像南兄這樣認真和熱心的人還沒有碰見過，她每次來都是有一個專門的主題提出來研究的，南兄對於每一主題都非常認真的探討，不到半年，他對於《聖經》內容已經相當熟悉了，《聖經》上說，一個人只要口裡承認，心裡相信就必得救，這個時候他不但心裡相信，看見朋友們也會坦然的對他們說《聖經》很有道理，勸他們研究研究了。所以到後來，不但我確信他已得救，竹君姊和其他幾位知道他這段生活的人，也都深信他已經得救。

當然，無論是求學也好，問道也好，他並沒有忘記了他的責任，他的追求道理並非遁世，正如曉峰先生所說的，他是以出世精神做入世事業，如果那時我們的反攻就開始，那他是會毫不猶豫的加入行列的，在五十年的元旦，當時的金門防衛司令官劉壽如先生曾經寫信請他於春節假期內去金門盤桓幾天，他考慮了幾天，於十九日覆了劉司令官一封信，原函如後：

「壽如兄：元旦手書欣悉，盛意拳拳，至為心感，今年五月間，匪如大舉來犯，而兄認為外圍島嶼有顧慮時，弟願參加大擔島之作戰，屆時朝電夕來，同襄盛業，至在現時不想來金門叨擾也。專覆

敬祝

年禧

弟胡××」

大擔島是金門最前線的島嶼，也是最接近大陸的所在，他自願親去大擔與共匪決一死戰，其用心也是找一死所，可惜那時匪勢已衰，根本無力來犯，結果他這一心願竟未得償！

五十年的國慶紀念，中樞籌備了一個空前盛大的閱兵大典，早在幾個星期前，台北市

郊就擺滿了受檢武器及車輛，報紙上早就有很多關於閱兵陣容的報導，很多人都盼望這一次能夠有機會參觀閱兵行列，總統府附近的各屋頂均已為人預定一空，眼看著各種熱鬧的情形，我心裡想，可惜南兄平時不喜歡我趕熱鬧，不然這次閱兵，我倒可以去看看。

十月八日那天，是女兒明明的七歲生日，我為她請了許多小朋友在家裡玩，她爸爸給她買了一個十吋的生日蛋糕，那天下午，正當我為女兒點上生日蠟燭，領著小朋友唱著〈生日快樂〉歌時，忽然在我後面響起一個男中音，回頭一看，原來南兄也趕回來為他的小女兒慶生了。明明看見爸爸也回來了，一等大家唱完，就跑去抱著爸爸的腰叫著說：「爸爸，您真好，您真好！」作爸爸的俯下身去吻著女兒的額角，並笑著說：「明明今天又長了一節尾巴，我看再長幾節，就會和爸爸一樣高了。」

孩子踮著腳尖說：「我現在就已經到爸爸肩膀了，爸爸再送我三個蛋糕，我就會長得和爸爸一樣高了。」爸爸笑著說：

「好，我現在就去給你買三個蛋糕。」孩子們聽見都哈哈的大笑起來，這時我已為他們切好蛋糕，分給他們吃了，正當我端著一碟蛋糕向他走去時，他卻從口袋裡拿出一個白色的大信封遞給我，用一種開玩笑的口吻對我說：

「來，請太太閱兵！」

我起初還不懂他的意思，等到打開信封一看，裡面是兩個繫著大紅緞帶的圓形觀禮證，原來我的先生今年破天荒地準備要攜眷去參加國慶閱兵大典了，對著那個觀禮證我感到萬分的興奮，結婚以來，這還是第一個機會和我這位上將丈夫一同坐上閱兵台呢！

國慶那天，台北氣候溫和，陽光普照，空氣中充滿著歡樂的情調，滿街國旗飄揚，人潮洶湧，我們一大早就打扮齊全，他是全副武裝，胸前勛標燦爛，肩頭星光耀眼，雖然因為瘦了十五磅而顯得上裝略寬，但英挺豪邁如昔，他那端正而透著紅光的臉在那頂漂亮的軍帽下顯得年輕而英俊。我和他很少這樣一同盛裝出門，這次能夠和他同去，心裡真是感到無限的驕傲、無限的高興，到了總統府前，我倆並肩走向閱兵台那邊的座位時，許多熟人都微笑著向我們招呼，有幾個人還略帶驚奇的口吻問：「呵，今天嫂夫人也出來了？」我聽了心裡更覺得滿意，真恨不得所有的人都看見我也在那裡。

那天的典禮足足有三個小時。那軍容之盛，各兵種訓練之精，以及各種新式武器之多，都是前所未見的，閱兵結束以後，在場的人個個都感到非常的滿意，當南兄扶著我從後台走下來時，我高興地對他說：「這真太好了，明年我還要來！」他也很開心地說：

「好，明年一定再請你！」我們當時是那麼的快樂而充滿信心，誰又會想到這願望是不會實現的呵！

我們的快樂情緒一直維持到晚上。那些精壯的隊伍，優良的武器，雄壯的軍容和耀眼的旗幟又激起了他的萬丈雄心。他深信我們的反攻準備已經完成，我們的反攻時機已經成熟，吃晚飯的時候，他看看為慶祝國慶而添的菜，對我笑著說：

「如此佳節，怎可無酒？」

我拿出兩個酒杯，酌上了酒，他就情緒熱烈意氣飛揚地舉起杯來大聲的說：「來，我們來為國慶乾杯，預祝明年今日在中山陵前陪總統閱兵！」說著把手中的酒一飲而盡。看他那興奮的神氣，真有立刻騎駿馬領神兵跨海歸去的氣概！受了他那豪氣的感染，我也不禁滿心激動地舉起另外一杯酒，以充滿淚光的眼看著他說：

「願你的願望實現，願上帝祝福我們！」

那夜我做了一個美麗的夢，夢見我們已回到大陸，我和他正一同泛舟在西子湖上，他仍是那麼的年輕，那麼的英俊。只是我們兩人竟沒有坐在一起，我坐在船頭他坐在船尾，在那波光荷影之中，我倆以深情的眼光對視著，良久，良久，他忽然一躍而起向我奔來，而使小船一陣搖動我們竟掉在水裡了！

醒來滿身是汗，我心狂跳不已，按亮床頭的燈，看見他卻是鼻息均勻，睡得甜蜜而安詳。我心裡想，他已等了這麼久，今天這一切，似乎增加了他很大的信心。大約明年今日是真的可以回去了！

天地悠悠

澎湃凌雲氣　奔騰出谷心
鄉山一水隔　歲月二毛侵

時光易逝，歲月無情，一個人再堅強也禁不起時間的折磨，南兄自西昌來台，心境一直不好，尤其是大陳回來之後，情緒更為鬱結，在這十多年來之所以仍能強作歡笑，埋頭學問，完全是靠著他那永不屈服的意志和報仇雪恥的苦心所支持，然而日子一天天的下來，離反攻的時機似乎仍然遙遠，眼看年華老大，兩鬢漸白，心裡那能不著急！

四十九年秋天的一個下午，我倆偕遊碧亭，傍晚時分，遊人稀少，夫妻倆默默相依，憑欄遠眺，忽見對面山中，堆堆白雲似潮水般湧出，湧上樹梢，湧向天際，對此情景，南兄頗有所感。回家以後就寫下前面那首詩，我讀了之後，體驗到他的意向，不禁感慨繫之。

心境雖然如此，但他的身體是一向健朗的。無論在精神方面，體力方面都像壯年時一樣。和他一同出去，看他那步履穩健，行動敏捷的樣子，誰都不會想到他已年逾花甲，我從心裡相信，他可以活到一百歲，每當自己有點不舒服時就擔心著有一天我去了之後他怎麼辦。絕對沒有感覺到情形會相反的。因此，就是到後來他已經病了，我還愚昧地判斷那只是偶發的小恙，沒有關係的。

四十九年年底，他覺得心臟跳動得不太正常，曾經去醫院檢查過一次，結果並沒有查出什麼毛病，後來他就開始打高爾夫球，深信運動可以治病的道理，打了幾次之後，覺得這運動很有意思，興趣就愈來愈大了。有時打了九個洞，又打九個，如碰到熟人上場一勸，再打九個，從早上七點多去，到下午兩、三點才回來，回來後如有客人，就又和客人聊上一、兩個小時。我擔心他會太累了，客人去後勸他小睡一會，他還會說：

「這有什麼累，運動就是休息，我已休息很多了。」

我看他確是沒有倦容，也不再說什麼，心裡想：「還說有心臟病，哪裡像！」

我知道他真的有病是在五十年的春天。有一天早上他吩咐不要給他準備早點，說要去

陸軍總醫院檢查身體，我當時就提議陪他同去，他卻回答說：

「那是軍人看病的地方，女太太去幹什麼？」

我想這只是他不願太太同去的意思，反正程先生會和他去的，不去也罷。兩個小時之後他回來了，我問他檢查的結果，他遞給我一張藥方說：

「沒有什麼病，只是血脂肪高一點，丁大夫開了這種藥，這是新藥，台灣藥房買不到，恐怕要到美國去帶。」

我連忙接過來，一看那藥叫Mer 29，美國某藥房出品，我問他醫生說要吃多少，他說每天兩顆，先吃兩個月再看，我馬上把藥方用航空掛號寄到美國，請小弟買好再航空寄回。在藥沒有到的時候，聽說霍寶樹先生也是吃這種藥，霍先生是我們的朋友，我就向他先借了一瓶來。據說這種病忌食動物脂肪，尤其是蛋黃，南兄就決定從此不吃動物油，早餐用的那個雞蛋當然是取消了。同時醫生說要少吃含澱粉的東西，於是凡是含澱粉的食物也幾乎禁絕，這樣一來，他所吃的東西就極為有限，每天幾乎全靠豆類食物和白水煮的青菜過日子，因而體重迅速下降，從五月到雙十節，五個月的時間，從一百四十磅減到一百二十磅。在參觀國慶閱兵典禮時，許多不常見面的朋友，發現他突然消瘦了那麼多都大為吃驚。

當然最著急的還是我自己。在這段期間，我也曾想盡方法做些脂肪少而富營養的食物勸他吃，可是他那凡事徹底的性格使我很是為難，每次只要看見食物上有一點油影子他就拒絕食用，我再三再四的用營養對於人身的重要去勸他，他總以醫生的命令來抗擋，結果我所用的十分苦心，所能收到的效果只有一分，食物方面既無法使他接受，只有勸他打針，我請程先生替他去請教一位醫生，開了一種針藥，這種藥比較貴，每針要五十六元，他打了六針之後就不肯打了，他說這樣貴的藥長期打怎麼行！我說身體要緊，為了身體的健康再貴也應該想辦法的，他無論如何都不肯聽。

在另一方面，他又堅持維持正常的生活秩序，連勸他早上遲一小時起身都不答應。每天還是一早起身就出去散步，找僻靜的地方讀英文，下午埋頭看報，寫英文生字，看別的參考書；還是照樣的會客，開會，研究問題，做各種運動；體重減輕，體力的衰退好像對他毫無關係。他這種超人的堅忍和好強的天性，竟使他支持到最後一刻！

這中間也曾做過幾次的局部體格檢查，結果除了血壓略低以外，其他都好（他的血壓經常的維持著高一二〇度，低六〇度的標準），到了十月下旬血脂肪的含量已接近正常，特效藥暫時停服，飲食也局部解禁了。這時我覺得很興奮，想盡量的做些他所喜歡的東西給他吃，巴不得他的體重立刻上升到過去的分量，每天早上，一坐上餐桌我就勸他吃這樣、吃那樣，他常常問我是不是胖了一點，我總是愉快地回答：

「好像胖了一點！」

他聽我那樣說，也總要再反問一聲：

「真的？」

「當然是真的。」

這是一種願望，也是一種自我安慰，可惜老天爺不和我們合作，這年的冬天竟是那麼冷，十月慶典才過，西北風就吹起來了，整個十一月都是又風又雨的，南兄那實際上已經衰弱的身體終於抵擋不住氣候的襲擊而感冒了，起初是輕微的咳嗽，我們只是買點咳嗽藥水服用，一星期後，咳嗽似乎反而加劇，我們只好去請教醫生，診斷的結果認為是支氣管炎，醫生給開了些特效藥，幾天服下來咳嗽未全好，胃口倒敗了！南兄一氣之下，停止服藥，十二月的天氣更冷，南兄的咳嗽也更厲害了；我覺得拖下去總不是辦法，就提議住進醫院去檢查，但是他不但不接受，反而很不高興，聽我說過幾次之後，他就頗為生氣的對我說：「太太，不要老是這樣婆婆媽媽的嚕嗦好不好，我又沒有什麼病，去住什麼醫院？」

我知道咳嗽已把他的耐性磨掉了。他好強，不肯服輸，和敵人鬥爭是如此，和病魔鬥爭也如此，可是他沒有想到，病魔是無形的敵人，無形的敵人是不容易鬥爭的呵！

他既不肯服藥又不肯住院，只是硬挺著，我沒有辦法只有日夜祈禱，求上帝醫治，但是上帝也是要人和祂合作，憑個人的意志抵抗，病怎麼能好呢！

在十二月的一個晚上，我和南兄又參加一位長輩的壽宴，坐在我的旁邊的濱芬姊看見南兄那消瘦的樣子，問我是不是他最近身體不太好，我就把他的咳嗽情形及求醫經過告訴她，她聽後，想了一下對我說：

「我倒有一個單方，不知胡大哥肯不肯用？」

我問她是什麼單方，她說是用清雞湯燉燕窩，每天吃一碗，最多吃半個月就會好，我說雞湯容易辦到，燕窩比較困難，她說幾天前有人從泰國帶回一盒燕窩給她，她沒有用，可以送給我們，第二天一早她就派人把燕窩送來，我想反正這東西吃不壞，試試也無妨，就去買了一隻雞，親自照她教我的方法，把燕窩燉好，等著南兄有空時就端去給他吃，他一看，頗為驚奇的問我：

「怎麼，這燕窩哪裡來的？」

我告訴他是濱芬姊送的，她說這東西可以治咳，所以做給他嘗嘗，他聽我這樣說倒很高興，笑著說：

「燕窩還能治病，太好了！」說著就端起碗來嘗了一口，立刻把碗放下，用懷疑的眼光看著我問：

「這是什麼湯做的？」

「雞湯。」

「要吃幾次？」

「恐怕十次就可以了。」

「十次？那是說要用十隻雞？不行，這太浪費了，我不吃。」

我說這是當藥吃的，譬如買藥，不也一樣要花錢嗎，可是他無論如何都不肯，最後他說，如果我答應他不再做第二碗，他就把這碗吃掉，再要做，就連這碗也不吃了。我沒有辦法，只好答應他不再做，他才勉強把這碗吃下，退出書房，我心裡很難過，覺得這一新的方法他又拒絕了，這病拖下去怎麼辦，剛巧那時錦妹在我們家，她看我神色沮喪，問我有什麼事，我把剛才的事告訴她，她嘆口氣說：

「姊夫也真是的，為了治病吃幾隻雞又有什麼了不起的！」

我接著說：

「不要說吃，穿的不也是一樣，這個冬天，天氣這麼冷，他的咳嗽一直沒有好，我勸他做件大衣在外出時穿，他硬是不肯，前幾天聽我說不過了，才答應把二十年前那件軍大衣拿去改，因為肩膀相差得太遠，改來後還是不合適，穿起來就像粽子似的，不但他自己不願意穿，我也不想他穿了！」

「那他這樣挨凍也不是辦法呀。」

「他就是硬撐，你別看他西裝裡面穿得鼓鼓，盡是些舊毛線背心呢，其中有一件還是二十年前戴先生送他的。」

「去年二哥不是送了他兩套最好的加拿大羊毛衫褲嗎？他怎麼沒有穿？」

「早送人了，他說這麼好的東西自己穿掉太可惜了，你知道這是你姊夫的老脾氣，不論吃的穿的，只要是好東西，絕對不肯自己享受的。他這一輩子就沒有享過一天福！」

錦妹聽了只有搖頭的份兒，她也知道南兄這種作風，過去他們兩夫婦在國外時曾經給姊夫寄過好幾次考究的衣著和洋糖洋酒，結果都是白送，姊夫自己沒有享受到一點。

從那以後，他也曾去看過幾次醫生，但咳嗽時停時發，始終沒有斷根。有時白天好好的，晚上又發作了，咳得厲害的時候，睡都睡不下去，只好擁被坐到天亮。可是不論夜裡情形如何，天一亮他又起來梳洗吃飯，像平常一樣活動了。從陽曆新年到農曆春節的一個月當中，我們有好多次應酬，天氣那麼冷，許多地方室內都有暖氣，他穿了那些舊毛衣，在外面不夠暖和，在裡面又太熱了，那一冷一熱的變換更使他的感冒沒有復原的機會，有些地方我勸他不要去，他又怕主人失望，不得不去。最後一次是五十一年一月二十五日在金華街的一位朋友家，那天到的都是老同學，他興致很高，說得很多也吃得很多。席間還和一位同期同學開玩笑，要他請客，哪知那位同學請客的日期還沒有選定，他已進入醫院了！

五十一年的二月四日是農曆除夕，南兄的咳嗽雖然未癒，精神卻很好。那天，像往年一樣有幾位朋友和我們一同度歲，飯後，大家談笑了一會，然後打了兩小時的橋牌，客人走後孩子們圍著爸爸討壓歲錢。平常我們只給每人拾元新台幣，那一年，爸爸特別高興，親自在每個紅封套裡放了四張五元的紅色鈔票，孩子們拿到壓歲包打開一看，都高興得不得了，兩個小的還跳起來高叫：「爸爸真好，爸爸萬歲！」

第二天是農曆的年初一，我們全家不到七點都起來了。因為他們爸爸頭一晚曾經告訴小孩，大年初一一定要早起，他說年初一能早起就天天能早起，這是成功的要訣。那天我們吃了一頓愉快的早餐後，趁著客人沒有大群湧到，就全家出發去向幾位老太太和幾家老師拜年了。路上碰到好幾位朋友，大家下車互道恭喜的時候，他們還都這麼說：「南兄今天氣色很好，看樣子今年可以反攻了！」

下午，南兄覺得有點累，沒有去參加同學會的團拜，但並沒有不舒服的樣子。晚上我和孩子們在大哥家吃飯，飯後他親自坐車來接我們，順便還在那裡閒聊了一會。回家後一切如常，只是夜裡有幾聲咳嗽。初二，一大早他就自己一個人出去拜年了。回來後告訴我跑了十幾家，碰到好幾位多時不見的朋友，談話時顯得很高興。吃中飯時，他問我要不要用車，要用他就不出去。這是每年唯一的一次他自動願意借車子給我的，因為他知道我有不少的老師在台灣，平常沒有空，只有在新年的時候去拜年請安。

我照例出去了半天，回家時孩子們聽見車子的聲音就來開門了。美美告訴我爸爸在午睡醒後咳得很厲害，剛才還吐了。我連忙跑進去，看他安靜地靠在書房的沙發上看書。問他剛才的情形，他說沒有關係，只是咳嗽太厲害，胸口有點悶，想安靜一下。

晚上他說沒有胃口不想吃東西。怕他再吐，也不勉強他吃，八點多就伺候他上床睡覺了。上半夜睡得很好，到了深夜兩點鐘忽然從熟睡中咳醒了。一咳就咳得很急，接著是嘔吐，又咳又吐的，一直鬧到天亮。最後，咳嗽慢慢停了，人也疲憊不堪了，我看這情形非住進醫院不可，就打電話去請程先生來。當我和程先生商量住院的事時給他聽見了，他就很不耐煩的說：

「你們不要商量了，請醫生來看看是可以的，但我不住院！」

我很婉轉的勸他，告訴他咳嗽這麼厲害怕發生併發症，住幾天醫院後如好一點就馬上回家，他還是不答應，我們只好先打電話去把丁大夫找來再說。

那天還只年初三，醫生們也在休假，我們足足打了兩小時電話才把丁大夫找到。他一到，問明病情後馬上要南兄躺下去作全身檢查，當他的手摸到南兄腹部各部位時，他的臉色愈來愈凝重了，最後他抬起頭來，對我看看，再對南兄看看，以埋怨的口吻說：

「胡先生，您怎麼不早點來找我？」

站在一旁的程先生立刻回答說：

「找的，在年前我曾經去看丁大夫，可惜那天您去辦出國手續了，沒有碰見。」

他就回過頭來對程先生說：

「讓胡先生休息一下，我們到外面去談好嗎？」我一聽好像病情嚴重，照料著南兄穿好衣服後，馬上趕到客廳去，看見我很焦急的進去，丁大夫就對我說：

「不要緊，到醫院去住幾天好了，那邊醫藥方便些。」接著就叫程先生代接榮民醫院的電話，請那邊準備房間，我起初還怕南兄仍然不肯去，把醫生的意見告訴他之後，他倒點頭答應不再反對了。

到了十一點半光景，醫院的手續辦好，我理了一點簡單的應用物件就扶著南兄上車，那時丁大夫已經先走，臨走時他曾囑咐我們家裡的人，為南兄準備一個枕頭在車上，以便他可以躺著去醫院，但當我們進入車中時，南兄拒絕躺下，他還是服裝整齊，坐得端端正正的上醫院的。不知道的人碰見我們誰都以為我們是出去拜年。事實上，我心裡並不太著急，因為對於他的健康我具有近於迷信的信心，我總以為基本上是沒有問題的，這次他答應去住院，我有如釋重負之感，我想這樣一來他可以把一些小毛病都治好，以後更不用擔心，至於南兄自己好像也不太介意。過去，他總以為生病是可恥的，不願談病，更不願住醫院，現在既然下了決心去住院了，就像軍人作戰般，在考慮又考慮，躊躇又躊躇之後，已下了決心。命令一下去就義無反顧，反而心安理得了，此去他已決定把他的健康交給醫生，就像決定把一支隊伍交給一位指揮官一樣，一路上神色寧靜地坐著，有時閉目養神，有時睜開眼睛看看沿途的景象，車過中山路圓山附近時，看見來往的車輛行人那麼多，他還對我說：

「我們中國人真會拜年，怎麼到今天還有這麼多人跑來跑去的。」

我答著回答：

「今天還只年初三呢，我們家鄉的習俗，拜年可以拜到正月半。」

當車子彎進石牌的路上時，他忽然的記起了孩子，睜大眼睛問我說：

「小孩還沒有吃飯吧？你有沒有關照他們先給孩子們開飯？」

我告訴他，臨走時已經和阿玉說過，她知道的，他才放心。

車子進入醫院，遠遠的看見程先生和一位穿白衣的先生在一幢房子的前面，旁邊還有一輛輪椅。我心裡想，他們倒也想得周到，為他準備了把椅子，只是怕他逞強，不肯坐。

正想著車已停下，程先生前來給我們打開車門，同時對南兄說：

「這裡離病房很遠，怕你受了涼，醫院準備了一輛輪椅，可以擋風，也走得輕快些。」

我怕他拒絕連忙接下去說：

「那好極了，坐輪椅吹不到風不致引起咳嗽。」

聽我們這樣說，他沒有作聲，任憑我們把他扶上椅子。由我自己推著，進入病房，這時是中午十二時三十分。

醫生來給他作了一次詳細的診斷，打了五百CC的鹽水針，到了傍晚病人覺得舒服得多，終於安然入睡了。我和主治醫師研究病人的飲食，過去為了治血脂肪，南兄的飯食很少油類和蛋白質，但是此刻他的體力較弱，急需營養補充，醫生也不主張再禁食，凡是養分高而容易消化的東西都可以吃。晚上我親自調了一杯好立克牛奶和一杯鮮桔水給病人服下，後來醫院送來一小碗麥片，他也吃了一些，由於休息和食物的補充，南兄的精神大為好轉，等到七點鐘光景，蔣先生和另外幾位朋友來看他時，他已能高聲的向他道謝，並說了一、兩句笑話。八點多鐘他就睡著了，我坐在床邊的椅子上，低頭默禱，感謝上帝給他這個休息的機會。

第二天早上，丁大夫來看他，認為情況大有進步，我很是欣慰，曾經半帶請求半帶拜託的對他說：

「丁醫生，我真要謝謝你說動他來住院，這次他來了之後，請你給他徹底的治療，不到完全康復不要答應他出院，你知道勸他進醫院真不是件容易的事。」

丁大夫笑著回答說：

「當然，不到完全康復，我們決不會讓他出院的，等他這病好了之後，我們還是要給他來一個徹底檢查，連那兩個牙齒也給他補好。」

「那好極了，我希望他這次病好之後，二十年內都不再生病。」

「好的，好的，我想一定可以的。」

說著，他和我握握手，愉快地離去了。

下午照了幾張X光片子，他的咳嗽已經好得多，胃口也好了些，晚餐時吃了半杯牛奶，半小碗掛麵和半個蒸蛋，這時兩個男孩子也來看爸爸了，這個病房有電梯上下，孩子們以前沒有乘過電梯，覺得很稀奇，一會兒跑到爸爸床邊，一會兒又跑去乘電梯，我怕他們太吵了，妨礙病人的安寧，把他們叫到旁邊不准他們亂跑，他們爸爸問明情形後就笑笑對他們說：

「好，你們再去乘一次電梯就回去，要當心不要讓它把你們掛在半空呵！」

孩子們又一溜煙似的跑出去了，他目送著孩子們離去，臉上掛著滿意的笑容，我相信他心裡一定在想，就是為了這幾個生龍活虎般的孩子做人也是值得的呵！

第三天的情形更好，醫生告訴我，從X光片上看來，腰子已經伏下去，沒有當初那麼腫，肝臟都已接近正常狀態，血壓高度是一一〇低度是七十，相當好，飲食方面，早餐喝了半杯豆漿和一小碗麥片，中午吃了半碗雞湯，半杯豆泥和一些掛麵，晚上吃了一杯牛奶，半杯蒸蛋，和少許湯麵，像這樣下去，恐怕一個星期之後，他的體重就會增加好幾磅了。我的心情愈來愈好，有時真會覺得是陪先生度假似的。

第四天是星期日。南兄像有預感總統會去看他的，早上吃過早點後就要人扶他去浴室洗臉刮鬍子。我怕他太累了提議請人替他刮；他堅持要自己來，因為身子畢竟還很虛弱，刮好鬍子洗好臉出來已是疲倦不堪，當我們好不容易扶他再回到床上時，消息傳來，總統果然要來了。到了十點鐘光景，他老人家帶著侍從醫官步入病房，南兄看見總統駕臨，支撐著要坐起來。總統示意他睡下，並即走到床前，用手去摸他的額角，試試有沒有熱度，南兄只說了一聲：「總統您看我來了！」就兩眼含淚說不下去了。總統對他說了幾句安心靜養的話，就離開病室返到另一間房子，召主治醫生去詢問詳細的病情，聽取醫生報告之後，囑咐他要用心醫治，盡可能的使他早日恢復健康，足足坐了十多分鐘，臨走時又叮囑我小心看護病人。當我俯首聽命之時，內心感情激動，淚水撲簌簌地滴下來，對於領袖的仁慈和關懷感激不盡。總統離去後，我回到病榻，南兄問我領袖在此的情形，我一一相告，他聽後那蒼白的臉上升起了紅潤與光輝，一抹欣慰的笑容出現在脣邊眼角，最後，閉上眼睛安靜地睡著了。可憐他自幼喪母，生活孤苦，直到進入黃埔軍校之後，才在領袖的提攜愛護之下，嶄露頭角，四十年來，他老人家不但是他的領袖和恩師，也是他所敬愛的家長，是他那種赤子的感情所寄託的對象，他出生入死身經數百戰，永遠是以領袖的意志為意志，以領袖的主張為主張，從來沒有一絲一毫的自私自利的想法的，他素來很少表露內心的感情，只有那次從成都飛出，因氣候關係迫降三亞時，他因聽見第一個從台北去的人告訴他總裁聽見放棄成都的消息時心裡很難過，看上去臉容憔悴，憂心忡忡。他聽後搥胸頓足，沉痛而自責不已。

十多年來，台灣建設成果輝煌，領袖政躬康泰，國運前途大為光明，他知道反攻復國的事已不用他擔心，這次總統來看過他後，他似乎也很滿足了。

十一、十二兩天的情形仍很有進步，體溫脈搏都已正常，血壓雖略為低一點，醫生認為並沒有關係。咳嗽已完全好了，胃口更佳，普通一餐可以喝一杯牛奶，半碗麥片和一杯菜湯，中間還可以吃些水果和果汁。這時他生病住院的消息已經漸為人知，許多朋友來醫院看他，但是醫院方面為了要早日使南兄復原，謝絕一切訪客，後來南兄知道了，就要把熟朋友帶進病房去，他說人家這麼遠的地方來，連一面都看不見，那是很不近情理的！就是為了怕看他的朋友徒勞往返，他要我們盡可能的把他生病的消息保密，至少不要讓報紙上登出來。因此，在這期內的幾個朋友處的約會，他也不准我取消，他說如一取消，人家就會懷疑他的病很嚴重了，不得已我只好照他的意思做，結果後來有幾個朋友簡直不相信那壞消息是真的，因為他們在這期內還在朋友處看到過我的。

十三日早上，丁大夫來做例行的病房巡視，走到南兄的房間，他愉快地對我說：

「胡夫人，恭喜你，胡先生的病好得快極了，我看再過一星期他就可以出院了呢！」

我聽後很高興的回答說：

「那真要好好的謝謝了。可是請您別忘記，他還有些小毛病得修補，不等全部治好可不能讓他出去呵！」

他笑著說：

「那是一定的，一定的。」

他走後我更寬心了，走到病床旁邊把醫生的話向南兄複述一遍，他聽後也很滿意。不到十分鐘就安然睡著了。這一天的生活紀錄如後：

零時二十五分——飲牛奶五分之四瓶。

零時四十五分——量血壓高一一〇低六八度。

一時零五分——入睡。

三時零五分——醒，小便一九〇CC。

三時二十分——吃綠黴素兩枚。

五時五十分——醒，小便一九〇CC。

六時十分——量體溫三十六度七。

七時三十五分——感臀部針眼痛，用熱水袋熱敷半小時。

七時四十五分——注射醫糖尿病針〇・五ＣＣ。
八時——主治大夫丁主任來看。
八時十分——試驗肝臟機能。
八時十五分——入睡甚甜。
八時五十分——喚醒驗血抽〇・五ＣＣ。
九時——注射盤尼西林及維他命。
九時零五分——量血壓高一一〇低六〇度。
九時十分——擦澡，換床單、汗衫。
九時四十分——早點，蛋一個，牛奶一瓶。
十時零五分——吃藥。
十時十二分——入睡。
十一時二十分——醒，吃好立克約一五〇ＣＣ，蘋果汁一杯之百分之九十。
十一時四十分——睡。
十二時二十分——醒，小便兩百ＣＣ。

十二時三十分——午餐吃菜泥一小杯，麵條半碗。

十二時四十五分——睡。

下午二時十五分——醒，小便二三〇ＣＣ。

二時二十分——吃好立克一大杯。

二時二十五分——用電按摩器十分鐘，感舒適。

二時四十分——靜坐十五分鐘。

三時——吃橘子水半茶杯。

三時三十分——拍攝胸部照片。

三時四十分——丁主任來。

三時五十分——大便，體溫三十六度六。

四時三十分——睡。

五時三十分——醒，起床大便無，小便二三〇ＣＣ。

五時四十五分——吃雞湯一杯，蛋一個，麵條三匙，橘子水一杯。

六時——量血壓，高一二五，低七十四，打針（消炎）。

六時十分——電按摩十分鐘。
六時三十分——睡。
七時四十分——小便約二一〇CC，體溫三十六度九。
七時五十分——飲水六〇CC。
八時——休息哼聲氣約二十分鐘使用氧氣十分鐘始睡。
八時五十分——吃好立克一杯，蘋果五分之一，靜坐。
九時三十五分——小便一六〇CC，吃消炎片兩片。
九時五十分——入睡。
十一時——醒，小便二三〇CC。
十一時十分——入睡。

在五時四十五分我餵他吃東西時，他問我為什麼還沒有走。因為知道那天有幾個朋友要到家裡吃飯，那是一個月前約好的。他病了之後我要改期，他不准我改，目的就是要我維持正常的生活免得朋友懷疑。那時我等他吃好把他安頓睡下就匆匆的趕回家去了。九時後客人散去，我又回到醫院，照顧他的人告訴我，剛吃了東西睡下去，我看一切都好好的，就再回去照顧小孩，因為那天廣兒患重感冒，發高燒，我必須在十點鐘給他吃藥。

十二點鐘光景，我正在給廣兒量體溫，桌上的電話鈴猛烈的響了起來，那響聲，竟像雷電似的驚動了我整個心靈，我驟然的跳起來去抓聽筒，對方是程太太的聲音，叫我馬上去醫院，我放下聽筒就往外跑，著急得把一顆心也跳出喉頭了。從家裡到醫院的十五分鐘真的比十五年更長，到了醫院奔上樓，推門進去，他們竟把我的丈夫放在氧氣罩裡了。我急著問那位站在旁邊的主治醫生究竟是怎麼一回事，他叫我不要著急，病人只是有點呼吸困難，過一會就會好的。我伸手到裡面去摸摸南兄的胸口，覺得暖暖和和的，心似乎在跳，再摸摸他的手腳，也都很溫和。心裡才略為放心。我問醫生氧氣罩要多少時候才拿去，他說大約要半小時。我問照顧病人的參謀為什麼兩小時前還是好好的現在會這樣，他說大約是做了個惡夢，在十二時十分時忽然從沉睡中大叫，當他跑到床前就看見他臉色紅紅的呼吸有點急促的樣子，於是就把醫生請來了。

我站在旁邊目不轉睛的看著，南兄在張嘴呼吸，別的並無異樣，五分鐘，十分鐘，十五分鐘！半小時都過去了。但他們並沒有把氧氣罩拿去，我愈來愈緊張了，再伸手進去摸摸，一切都仍是溫暖的，再問醫生畢竟還要多久，他說可能要再過一、兩小時，我想也許可以請牧師來禱告禱告，就去打電話給張太太，半小時後她母女倆和謝牧師一同來了，看見牧師我真像看見了救星似的，拉著他眼淚就像泉水似的湧出來，他叫我不要著急，和我一同跪下去禱告。我們跪在那裡恐怕有一小時之久，這時已經三點鐘了。他們仍未把氧氣罩拿去，那時我真有爬到裡面去和病人一同躺著的意念，因為我在外面等得實在太久了。這時不知怎的已來了很多朋友，也不知是什麼人提議說我站得太久了，勸我到對面房裡休息一會，當然我是不需要休息的，可是竟莫名其妙的給人擁到對面房裡了。大約坐了有十分鐘光景，我內心有極強的感覺非馬上去對面房裡看南兄不可，就猛然的站起來跑了過去，一推進門去，氧氣罩不見了，房子空蕩蕩的，仔細一看前面床上好像躺著一個人，怎麼，他們把我的丈夫搬回床上都不告訴我，他醒來沒有看見我一定要奇怪的，我連忙跑過去掀開白床單，是的，那是南兄，我親愛的丈夫，可是他仍然在睡覺，並沒有醒，我摸摸他的臉，怎麼那麼涼，趕快摸胸口，仍然溫溫的，再去拉他的手，沒有拉到就給旁邊的人攔住了，抬頭一看，四周站滿了人，他們竟都向我包圍來了，有的抓住我的手，有的抓住我的臂膀，有的抱住我的身體，為什麼呢？為什麼他們要這樣對我呢？難道？難道？難道？不可能的，不可能的，不可能的，上帝呵，這是不可能的呵！……

五十一年二月十四日的下午，總統在國軍幹部會議上對滿堂的高級將領，以極沉痛的語氣這樣說：

「胡宗南同志已經在今天去世了。他是本黨一個忠貞自勵，尚氣節，負責任，打硬仗，不避勞苦，不計毀譽，革命軍人的模範。大陸淪陷前後，他曾屢次寫信給我，說至今還沒有能夠求得一個死所，其意若不勝遺憾者；後來當他在大陳調職的時候，他又寫信給我說，今後我恐無死所了！宗南同志現在竟未能如其所願，使他自己的生命得到一個轟轟烈烈光榮戰死的死所，實在令人追思不置！但他死已附於正氣之列，自不失為正命，亦可瞑目於地下了。」

同年六月九日，數百位親友伴同我和孩子送南兄於陽明山上的紗帽山麓，墓廬依山面海而築，他在那裡可以看見海那邊的家鄉，那天傍晚，親朋散去，砌墓工人走了，孩子們也走開了，我獨自一人佇立墓前，俯仰之間，但覺天地悠悠，滄海茫茫，三十年歲月，只是一夢！

輯二

結婚十周年

民國四十六年

我從小喜歡那些英雄美人的故事，長大以後就心甘情願的作個軍人妻，可是軍人以身許國，那裡顧得了多少兒女私情，我們結婚以來真是聚少離多，一年中難得有一、兩個月是在一起的。

日子最難過的是第一年。我們結婚剛三天，新婚燕爾，兩情正濃時，他卻不得不披上征衣，離我而去。我一個人孤零零地嘗盡了別離滋味，雖然那時候他已經為國家負著重任，但是月下花前，我仍免不了有那種「忽見陌頭楊柳色，悔教夫婿覓封侯」的少婦情懷，往往一個人在院子裡徘徊沉思，不知如何打發那大好時光。

我是一個受過現代教育的人，腦中憧憬於西洋人的生活方式，對於結婚紀念特別重視，所以一開始就計畫著如何的來慶祝我們的第一個結婚周年，最初還只是計算著日子，日子一天天接近了，就考慮到慶祝的方式。曾經想到舉行一個盛大的宴會，廣邀至親好友來大大熱鬧一番，但恐怕習於儉樸生活的丈夫不同意，又想我們既然結婚三天就告別離，也許可以在周年的時候來補度一次蜜月，找一個山明水秀的好地方，兩個人靜靜的廝守個十天，半月。不過在這漫天烽火的時候，他哪裡來那麼多的空閒呢？後來又想，如果屆時他無法離防，也許我可以飛到他那邊去，我倆就在前線歡聚幾天，讓戰地的號手為我們的紀念日而吹出雄壯的進行曲。可是自己也知道那不過是一個綺麗的幻想，最後我想，只要他回來，只要我倆在一起，其實無論怎樣慶祝都是很好的。在日子快到的時候，我就寫信去提醒他這個意義重大的日子，千叮、萬囑，請他到時候回來一趟。

在紀念日的前一星期，我就天天提早起床，盛裝以待，盼望他能出我不意的出現在眼前。每次只要門鈴一響，我就跑到窗前去張望。雖然次次都是失望，我都毫不灰心。

我們那最最重要的紀念日終於到了，他卻音訊全無，可是我仍然相信他那天會趕回來的。大清早起來就加意修飾，並且穿上結婚那日穿的衣服，吩咐女傭做好幾道他愛吃的小菜。自己卻除了等待以外什麼事也不想做，每隔一、兩小時就去照照鏡子，梳一下頭髮，或在鼻子上撲一點粉，時間一分一秒的過去，院子裡毫無動靜。連一封信，一個電報都沒有來。午飯等冷了，晚飯也等冷了。直到半夜我才以萬分惆悵的心情，卸妝就寢，但是睡在床上，還盼望他能在深夜飛臨，把我從夢中推醒。

後來，我才知道，就在那幾天，他正率領部隊在某地與敵人激戰。

自從那次失望以來，在第二、第三年，我雖然還記得日子，已不敢再存慶祝的奢望了。往後，孩子接踵而來。家務、兒女把我忙得連喘息的機會都沒有，像那種富於浪漫氣息的生活更不易享受得到，對於結婚紀念日也就不去記它了。

上月，在一個寂靜的下午，他卻意外地從那漫天風沙的前線島嶼飛回來。一推門進來，便以無限溫情的眼色注視著我說：

「蘋，你知道我這次是為什麼回來的？」

「要事待商，奉召而回。」我笑著說。

「這次你可猜錯了，你記得明天是什麼日子嗎？」

「明天，明天是什麼日子呀？」我反問他，我想明天並不是什麼重大的節日，孩子們沒有說學校要放假，可是為什麼他特別回來一趟呢？我有點糊塗了，他看我那種迷惑的樣子不禁哈哈大笑，拉著我的雙手，在我的臉上搜索一陣才說：

「你真的記不起來了嗎？想想看，明天是那一月，那一日，在十年前我倆做了些什麼？」

我仔細一想，今天是十九，明天是二十。三月二十，十年前的三月二十呵，我恍然大悟了，明天是我們的結婚十周年紀念日！我不禁感動得熱淚盈眶，立刻伏在他的肩頭嗚咽起來。作了十年的英雄妻，到了這十周年的紀念日才等得夫婿歸來。

過了好一會，他轉過頭來在我的額旁輕輕吻著說：

「親愛的，我這次是完全為你回來的，你應該高興才好呀！」

我實在是太興奮了，沒有回答他的話，只是把我的臉更湊近他一些，我感到無上的滿足與歡愉，好像自己又是新娘子了。

晚上，我問他：

「你既然是專門為我們的結婚紀念日回來的，那我們明天總得好好的來慶祝一下，你打算怎樣呢？」

「我只有一天的時間。」他說：「後天一早就得趕回去，還是讓我倆靜靜的在一起過一天吧！如果你喜歡，明天下午我陪你作一次郊遊，你覺得如何？」

我想了一想，覺得自己也好久沒有去郊外走走了，出去呼吸一下新鮮空氣，疏散一下身心，也是很好的，就問他了：

「你想我們去什麼地方好？」

「老地方好嗎？」

「好的，只要能和你在一起，什麼地方都好。」

我們就這樣決定了。他說的老地方就是新店碧潭。他很喜歡那個地方，差不多每次回家都要去一趟的。因為那裡的一灣碧水，和遠山上的淡霧輕煙，很像我們的家鄉風光。

第二天下午，送美兒到幼稚園去後，我們就驅車出發了。那天既非周末，又是陰天，所以遊人很少。當我們踏上碧潭吊橋時，橋上冷清清的只有三、兩個人。我們站在橋上俯瞰潭上風景，只見稀疏的幾隻大船蕩漾在深綠的潭面。三、四隻小艇穿梭其間，小艇上的舵手都是年輕的學生和軍人，但也有幾個穿紅著綠的少女點綴在他們中間。遠處的竹林梢頭，飄浮著淡淡的輕煙，整個氣氛是那麼的寧靜、安詳。我倆在橋上停留了一會兒，就攜手走過橋的那一端，步上左邊的小徑，拾級再登，繞過一個小山丘，再往下走十幾級石級，就是我們常到的碧亭。這是一個簡陋的亭子，建立在潭右一塊懸出水面的岩石上，頂子是竹片搭的。前面依著岩石的形勢築有一帶半圓形的水泥欄杆，依欄而立，山光水色都在眼前，確是欣賞碧潭風景的好地方。這小小的茶亭在天氣良好的時候常常是客滿的，那天卻一個客人都沒有。我們一走進去，店主人如見故人，馬上笑嘻嘻的上前招呼，替我們在靠欄杆的地方擺好一張小桌，兩把椅子。給我沏上一杯清茶，給他倒來一杯開水。好心的店主婦還給我們送上一碟帶殼的花生。

我倆並肩依欄遠眺，他的一隻手挽著我的腰，我的頭輕依著他那強壯的肩膀。仰望對岸青山上的白雲，俯瞰潭上的碧波舟影，輕風吹過，傳來船上少女的妙曼歌聲。我倆靜靜地站在那裡，陶醉於大自然的景色，也沉醉於內心的溫馨，我的心境慢慢地恢復到十多年前的戀愛時代了。我輕聲地問我身邊的丈夫說：

「南，你還記得我們當年在西湖的情景嗎？」

「怎麼不記得，我剛才也在想我們以前的西湖划船的情形呢！」

「我那時很喜歡唱歌，尤其愛唱范仲淹的那首〈碧雲天〉，每當我們划船到湖水，我就會情不自禁的高歌一曲。」

「我還記得有一次隔船的一位學生偷聽你的歌後，還大拍其掌，連呼再來一個，氣得我幾乎和他動起武來。」

「可不是嗎？為了你那股粗野的酸勁，氣得我還跑回家去哭了一場。」

「是的，那次可真慘，你整整三天不肯見我，也不接我的電話，弄得我走投無路，虧得媽幫忙，才得小姐回心轉意。」

聽他說到這裡，他當年那種向我求情，發誓絕對不再吃乾醋的可憐相兒又呈現在眼前了，我不禁仰起頭來在他的下顎輕輕一吻。俗語說：「英雄難過美人關。」無論你是個如何叱咤風雲的英雄好漢，在愛人面前就會變得一籌莫展了。過了一會他又接著說：

「你還記得西湖上那個月下老人祠嗎？我們有一次還進去求過籤的。」

「怎麼不記得，如果不是那位月下老人的靈籤，也許我還不會答應和你結婚呢！」

「可愛的月下老人，現在可能也已經遭殃了。就是為了救他，我們也得趕快打回去！」

南兄感慨地說著，挺挺胸表示他的決心。這當一陣冷風，使我感到頗有寒意，就拉他坐下喝茶。我們一面喝茶，一面欣賞眼前的景色，我們心滿意足，萬慮全消。南看著我那怡然自得的神氣輕輕的捏一下我的手說：

「開心嗎？這樣的慶祝你覺得怎樣？」

「開心是開心，但這次的時間太短了，明年你得補我一個蜜月才行。」我有點撒嬌似的說。

「度蜜月那卻要等到打回大陸再說了。」

「等到打回大陸，我可要去國外度假了。」

「只要打回大陸，隨便你要去哪裡我都奉陪。」

「我要去歐洲旅行，我要去遊玩世界公園的瑞士，也要去參觀新興的德意志，我要去欣賞那紙醉金迷的巴黎夜總會，也要去聆聽那震撼心弦的義大利歌劇，我要去水都威尼斯划船，也要去濃霧的倫敦街頭漫步，我要……」

不等我說完，他笑著插進來說：

「我還可以陪你去看印度的大象和非洲的蟒蛇。」

「我可不要那些可怕的東西。如果有時間，我們可以繞道南美洲，去嘗嘗墨西哥的酸辣飯，欣賞欣賞巴西的倫擺舞。」

「那倒也不錯。我聽說南美的姑娘最多情，也許我還會有一個意外的豔遇呢！」他說著向我投來一個挑撥的微笑，我卻也不甘示弱，接下去說：

「那也沒有關係，只要你有興趣，我們還可以去找加拿大最美麗的紅狐和阿拉斯加最純潔的白熊。」

「好啦，好啦，我的好太太，關於世上的動物，我看再美也美不過我家的雌老虎！」

「你這人真討厭，我……」

聽他這一說，我站起來伸手就想去打他。恰巧老闆娘來沖茶了，我只好強作正經地坐下。這時暮色已深，對面新店街上，家家屋頂，都已冒著炊煙，潭上那些船不知什麼時候都已靠岸了。可是我們還是無意離去，那老闆娘倒也知趣，看我們沒有去意，就悄悄的退下去了。

我們繼續的談笑著，喝著茶，偶爾也抬頭看看潭上的薄暮景色。我們已忘記了時間，忘記了我們以外的實景，完全融和於彼此的伴侶中，甚至我們的孩子也暫時忘記了。直到天完全黑了，老闆娘掌上燈來，才悟到時間確已不早，只好依依不捨地付了茶資，互相攙扶著步下山徑，當我倆手挽著手，再踏上那微微震盪的吊橋，向回家的路上走時，橋上來往的行人都向我們注視。南附在我的耳畔輕聲地說：

「你想他們以為我們是什麼關係？」

「一對中年的情侶。」我笑著回答。

當我們度過了那座偉大的吊橋，回到萬家燈火的台北時，我深深的感覺到，我倆已幸福地度過了我倆生命過程中一段重要的旅程。

傾訴

民國五十一年

你知道我在旁邊嗎？你聽見我的聲音嗎？親愛的南兄，這一個多月以來，每天早晨當我來到這裡，向你絮絮細語時，總忍不住又要再三這樣問你。僅僅隔著一層薄板，竟已像萬重山啊！

僅在不久以前，你每天都微笑著諦聽我的傾訴。當一天忙完了，孩子們都睡了以後，茶香和著笑語，你那深情的眼光，二十五年如一日。

記得嗎？親愛的，今天是什麼日子？二十五年前的今天，你我初相識，在那風光旖旎的西子湖畔。

你的英名，我已久仰，那天一見，更為你的手采所傾倒。你的儀態瀟灑，談吐豪邁，我私下忍不住想：這正是夢裡的王子。有一天，我願依偎著他坐在那白馬鞍上，任他帶我走向高原、大海、天邊！

當時除了你、我，還有一位朋友。大家沿著湖濱散步。我們一邊走，一邊談，河濱公園的桃花似錦，湖上的帆影片片。雖然你的個性十分爽朗，我卻是很羞澀。愛，能使人變成一隻獃鳥，原來我在見你的第一眼，便以心相許了啊。

我們從第一公園慢慢走到民眾教育館。到了那裡，你說有事，要先走一步，約好下午再來我家。可是還沒到下午，只是一小時後，當我去車站送客時，你又在那兒了。火車開後，你要送我回家，我有點忸怩，正遲疑間，你已搶前一步，為我打開車門了。

下午，我們剛放下中飯碗筷，你就來了，一坐就是兩、三個小時。你說，你曾在杭州念中學，對那兒的名勝古蹟最熟悉，於是我們從岳墳、雷峰塔、三潭印月，直談到九溪十八澗和龍井。你問我為什麼龍井的茶那麼清香？我說因為龍井的水好。你說不對，那是因為龍井的茶葉都是十七、八歲的少女採的，那茶葉上沾了少女的純潔與芬芳。我笑你牽強附會，心裡卻在暗想，你真是一位風流儒雅的將軍。

晚上你又來了！一談又是兩個小時，這次你又跟我談歷史了，從項羽、虞姬直談到越王句踐，我提到西施失蹤之謎，以及范蠡泛舟湖上的傳聞；你說這些說法都是不可靠的，西施很可能是殉國了，因為以當時的環境，她絕少逃生的機會。我非常佩服你的見解，我們一直談到十點鐘。

這一天我們就見面了四次，後來你告訴我，若不是怕我的家人誤會，那天還可能會有第五、第六次的見面，因為你回去之後，總覺得意猶未盡，很想馬上再來看我，急得好幾次都要往外跑了。

一見鍾情往往是屬於小說電影的虛構，親愛的南兄，對我們來說，卻是千真萬確的事實。從那天以後，你只要有空閒就會跑來看我。我們一同遊遍了杭州的名勝古蹟，廟宇山水。後來我去上海，你又到上海去看我，我們常常一同去江灣看海，在一家羅宋人開的館子裡享受那浪漫淒迷的異國情調。我們是如此相愛相悅，即使把話說完了，默默相對，更令人醉心。三個月後，我們就結下了白首之盟，把婚期訂在那年冬季。

可是盧溝橋的砲火卻耽誤了我們的婚期，而且這一誤就將近十年！

十年，啊，十年！照你初見我時一日就要會面四次的急切來說，十年是何等可怕的等待！你以抗日救國為己任，匈奴未滅，何以家為，不再談婚事；我為了等你，並且使你免去後顧之憂，也暫時收拾起心情，遠赴美國深造。在這漫長的日子裡，我經過了多少的試探和引誘，假如不是我倆的情愛堅逾金石，如不是我倆都受過重然諾、守信義的教養，我們怎能還有今日？記得我們在重慶重聚，你回西安後曾寄我一首詩，其中有句：「猶有天涯奇女子，相逢依舊未婚時。」可是，親愛的南兄，如果只靠我的癡心，仍是很危險的，更重要的是你的深情和專一。我知道在那段期間，有多少人曾關切你的婚姻，你辜負了多少朋友的好意，而寧願以中年的光陰作無盡的期待！

重逢已是民國三十四年初春，抗戰勝利在望，我終於完成了學業，以萬分興奮的心情，遠渡重洋，繞過半個地球，飛越駝峰，歷盡艱辛，回到了你的身畔。我們兩手相握，四目相注，你眼中有淚，我眼中也有淚，我的情人，上帝不負苦心人，我們到底又相見了。是真？是夢？我不禁伏在你肩上傷心地哭了起來。你溫柔地拍著我說：「不要哭了，你應快樂！霞，我們再不會久等了，在最近的將來，我一定以偉大的戰果來作迎親的聘禮！」

南兄，你沒有失言，更不是說大話，第二年的春天，你就直搗延安匪窟，回到南京後，你對領袖唯一的請求就是完成你我的婚姻；得到領袖的俯允後，你給我的指示，只有簡單的五個字：「即日飛西安。」

南兄，當時的情景，歷歷如在目前。那天，我由我的弟弟和兩位好友護送到明故宮機場，下午三時到達西安，四時由程先生夫婦陪同乘汽車直駛興隆嶺。進入大門，但見滿園牡丹盛開，花團錦簇，恍如仙境。而你，我的新郎，已經戎裝佩劍，胸前掛著中國軍人最高榮譽的青天白日勳章，紅光滿面，笑容可掬地向我走來。車子一停，你親自為我打開車門，扶我下車，挽我前行，進入大廳。

廳中紅氈鋪地，鳳燭高燒，兩本大紅金字婚書攤在鋪著大紅繡花桌披的案上，兩旁是四盆象徵我們愛情永駐的松柏和萬年青。在場的客人雖然不多，我們卻有兩位介紹人和六位證婚人，當我和你並立在紅氈上，諦聽證婚人宣讀婚書時，我的眼中一直含著欣喜的眼淚，你把婚戒套上我手指的頃刻，我只覺渾身是愛，啊，我真沉醉在幸福的芳醇之中！親愛的，我至今仍可從這婚戒的光輝裡想像你當年的音容笑貌！

十年的盼望，十年的等待，萬般的煩悶，萬斛的相思，都在新婚的甜蜜中抛到九霄外去了。婚後的兩天，你暫時擱下不太緊急的公務，整日在興隆嶺陪我，我們一同在園中賞花，一同在松柏夾道的小徑中散步，一同在廊下品茗，一同在燈下論詩。你還帶我去附近名勝古蹟遊覽，為我講了許多長安的掌故。我們是好夫妻，也是好朋友，好伴侶，我倆都

沉醉了，不知周圍有別人，渾忘世上有風雲。

第三天早晨，你不得不進城去處理要公。自你去後，我獨坐廊前，等你歸來，滿園的花木，遠山與白雲，對我忽然全無意義，我所盼望的，只是載你進城的那輛綠色吉普。等著、等著，到了晌午的時分，一聲悠長的喇叭，到底把你帶到了我的面前。你一躍而下，牽著我的手回到廊下坐定，並且告訴我那個雖在意中卻很不願意聽的消息。你說，短期內你必須趕赴某地，你已為我買妥明天飛南京的機票。那天下午，滿懷離情別緒，但為了珍惜這寶貴的時間，我們還是強為歡笑。南兄，我怎敢抱怨？十年的別離，我已夠堅強了，作軍人的妻子，永遠只能記住國家第一，民族至上。但我是個人，是個有血有肉，知道快樂，也知道痛苦的人，我從心底疼你，捨不得你，但為了怕你英雄氣短，也仍只有欣然就道。

離興隆嶺時天還沒有大亮，駕車的不是你平日的司機，而是隨侍在你左右的那位青年軍官夏參謀。當車子向晨霧迷濛的西安奔馳時，你笑著對我說：「看你多麼神氣，夏參謀作你的司機，我作你的衛士，你真是一位幸福的新娘呢！」

是的，親愛的，我不但是幸福的新娘，也是幸福的妻子。從那時到現在，十五個年頭過去了，在這十五年中，國家遭逢了巨變，多少人流離失所，多少人家破人亡，我們的小家庭總算平靜安寧。你雖因為盡瘁國事，常駐外島，與我總是會少離多，但你我之間的感情隨歲月而俱深。這些年來，你對我不但體貼入微，彼此也從未紅過臉；偶然我們的意見不一致時，讓步的總是你。你常說：「一個丈夫，在妻子面前，爭得面紅耳赤，像什麼樣子！」我知道你的脾氣，也不會對你有什麼爭執。又蒙上帝的恩惠，賜給我們四個可愛的兒女，使我們的家庭充滿孩子的歡笑和歌聲。我曾說，天意的安排也真好，當你馳騁於疆場時，沒有把妻子兒女去累你；現在當你暫時過一段較為優閒的生活時，就給你這一群兒女來承歡膝前。在你住進醫院的前兩天，我們四個孩子組成的「胡家樂隊」，還曾為你表演了十幾個節目。南兄，誰又知道，這就是你最後一次的欣賞啊！

許多朋友都說，與其說是心臟病奪去了你，不如說是平日你太苛待自己了。自奉之薄，使不了解我們的人以為你是矯情、做作，直到病況已很危急時，還拒絕住醫院。你太倔強了。豈料自古英雄怕白髮，一個人再倔強，強不過造化。我為你可惜，為你痛心的是，你這麼倔強一個人，身經百戰，不死於戰場，卻死於病床上，齎志以歿！親愛的，我知道你死去也是一百個不甘心，不甘心的啊！

此情可待成追憶，欲說當時已惘然，這永別的前後，我一直是在半昏迷中，不知自己置身何處。只覺五內俱裂，真想隨你而去。我常恨我的心是活的，是會跳躍、會痛苦的。新婚乍別，還能期待著很快就可重聚，現在，天上人間，教我要期待多久呀？

南兄，你走得太突然了，我受不了！至今已經一個多月，我總覺這不是真的，像一場惡夢，而在夢中，我身不由己，竟還忙著營葬你，為你看墓地，按著圖樣施工……忙著忙著到底漸漸地醒了，不得不承認這是事實了。親愛的，我發現我的心也碎了！

我不得不面對現實，如果馬上追隨你而去，對於四個孩子來說，是太殘酷了。他們都還這麼幼小，為了他們，我要勇敢地活下去。只是，親愛的南兄啊，沒有你，我顯得這樣軟弱，我不知我能支持多久？多久？……

我對你說了這麼多，你聽見嗎？我是相信有靈魂的，南兄，你一定要常常伴著我，扶持我，像你在世時一樣。還記得今天是什麼日子嗎？二十五年前的今日，你一趟一趟地來看我，今夜也給一個夢吧，僅僅是一個夢，我等著你！

茫茫一百日

民國五十一年

這幾天情緒略為平靜，回想起過去的一百天真像是做了一個悠長的惡夢，可是偏又不是夢，如真的是夢倒好了，夢醒後一切仍是美好的，而我所面對的卻是永遠無法彌補的缺陷啊！

記得當南兄那麼驟不及防地離開人世時，我真是忽然從鳥語花香、綠草如茵的原野墜下了黑暗恐怖的萬丈深淵。迷亂、絕望，極度的悲傷使我變呆了，腦子是那麼亂哄哄的對事物完全失掉理解力，情感也枯竭了，甚至連母愛的天性都隱沒了，對人世間的一切都感到毫無意義。有時候，自己都在懷疑，為什麼還要活下去，日子過得昏昏沉沉就像一架機器人似的對付著日常的生活。白天，一切都是亂糟糟的，很多的朋友來看我，人像潮水似的湧進湧出，每個人來所談的都是同一個題目，南兄的死。起初，只要一提到，眼淚就會不自覺的流出來，真可以說是整日以淚洗臉，後來連淚泉也像枯竭了，說到傷心處只感胸口發悶，喉嚨哽塞，眼睛是乾澀的。夜裡親戚朋友都走了，孩子們也睡了，剩下我一個人，靜寂使我的思想開始活躍，於是就仔仔細細的回想著南兄得病的經過，在醫院裡的種種情形，醫生對我所說的話，越想越不相信他是真的死了。只病了那麼短的時間，不久以前還是生龍活虎似的，就是在病中也是頭腦清楚，信心堅強的，在我的心中從來都沒有一點點他會死去的暗影，就是去了當天晚上我們還是說笑著的呀，這教我怎麼能夠面對現實？怎麼能夠甘心？一百個疑問盤旋在我的腦中使我無法合眼。

但是事實終歸是事實，他確是不在我身邊了，等到那最後的疑團也不存在時，我的心死了。俗語說：「哀莫大於心死。」一個心死了的人確是可憐，我本來是一個有多種興趣的人，愛花、愛樹、愛音樂、愛看電影、愛讀小說也愛和朋友聊天，可是到了那時卻對什麼都不發生興趣了。在我書房的窗前有株扶桑，它那綠油油的葉子和掛滿枝頭的紅花常常是我靈感的源泉，有時當我伏案寫作時，想不出佳句就抬頭向它看看，欣賞一會兒以後好句就從筆尖出來了，後來幾番春雨後它的葉更綠了，花更紅了，但我這賞花人卻無心去欣賞了。我那小小的院子裡種有幾株茉莉和杜鵑，也有好幾盆蘭花和菊花，過去，拔草、澆水都是我日常的工作，自從南兄死後，我再也無心去料理，任它花謝、葉枯，一條小徑長滿了荒草，我偶爾在那裡走過，也懶得去看一眼。

我並不懂音樂，但喜歡聽，平常在晚飯以後，總要叫孩子們放幾張唱片聽聽的，但這時候對它卻一無好感，只要孩子們一打開收音機或放一下唱片，就覺得心裡煩亂不堪，叫他們趕緊關掉，那些雄壯的交響樂章，那些婉轉歌喉，對於一個寂寞淒涼的心，似乎都不能交流了。

書報本來是我每天不可或缺的精神食糧，這時候我對它們也沒有胃口了。有時，夜深人靜，百無聊賴，我也會順手拿過堆積在案頭的報紙翻開來看看，但那些國際要聞、國家大事，對我都無關了，再大的標題在我的心目中只是幾個大號的鉛字。我還隱約記得，當反共義士劉承司駕機來歸的時候，報上有整版的消息，而我那呆滯的目光也只是掃視了一下大標題和那位青年英雄的天真笑臉，這樣的新聞，如果是在以前，將會使我多麼的興奮和激動啊！

至於書，我很少摸了。在這段期間也曾經接到過幾位朋友自己寫的作品，他們是希望我能夠從那些書中得到安慰的，可是我拿到之後，翻開來看了一下，也許還不到三行，我的心就又不知飛到哪裡去了。有時候會在一頁書上停留個半小時，而對書上的意思仍是一點不懂，最後只好翻兩下就擺開一旁，真不知辜負了朋友們幾許好意呢！

對物如此，對人又何嘗不一樣，多麼奇怪啊，一個人傷心到極點時竟連被愛和愛人的能力都喪失了，親人、好友，她們對我說了多少勸慰的話，流了多少同情和憐憫的眼淚，雖然那些語言和眼淚也曾使我的心靈微顫，但再真的感情好像都無法穿透這顆冰冷的心了。他們在面前時我還是會哭、會訴，他們一走，我就覺得茫茫然了，在那麼多天裡，多少的友誼和愛心，都不能給我一點安慰。

最可悲的是我連自己的孩子也不愛了。過去我的大部分的時間和精力都用在他們身上，他們的笑聲是我快樂的源泉，他們的成績是我最大的安慰，只要他們健康活潑，他們讀書成績好，我就心滿意足覺得這世界真可愛，做人真有意思，如果他們有點傷風咳嗽或其他的小毛病，我就坐立不安心亂如麻，惶惶不可終日。我每日一早起來親自為他們預備早點，親自送他們上學，下午計算著時間等他們放學回家照顧他們吃晚飯，晚上督促他們做功課，安排他們睡覺，星期假日我從來沒有為自己安排節目，為的是要空出時間帶小孩出去玩。南兄常常笑我，說我像個老母雞帶領一群小雞，我自己也承認，我的愛護子女實在不亞於天性慈愛的動物，那曉得南兄一死，我會變得那麼厲害，竟連自己的孩子也不知道愛惜了呢！那時候我不但已無心照顧他們的功課和起居作息，對他們的一切也好像不再關心了。可憐的孩子們，沒有了爸爸，又幾乎失掉了媽媽！當我最傷心的時候，就是他們親親熱熱地來到我身邊，輕輕地叫著「媽媽」，我也只是對他們看看，點點頭，心裡卻無親切之感。因為我的悲哀和冷漠使得孩子們無所適從了。大的兩個只好把自己關在小房間裡埋頭在書本上，他們已不再去打球，不再去下棋，不再去找朋友們玩，也不再打開收音機聽故事了。小的兩個，尤其是最小的明明，素來是和我很親近，老是挨在跟前的，這時候看我對他們那種不聞不問的樣子，就不敢再到面前來，許多親戚朋友憐他們幼小，都自動的來照顧她們，帶她們出去，買東西給她們吃，這種生活上的突變，和太多的照料和關懷反使得她們不知怎麼適應才好，在很短的時間內生活習慣都變了。她們已不再像過去那麼文靜聽話，她們的脾氣變得很壞，常常哭鬧，還會打人罵人，有時當我聽見她們在那裡大聲叫嚷或對人無禮時，也想去教訓她們一番，但都提不起精神，只好讓她們去了。

在這段時間內唯一繫住我心，使我繼續生存下去的原因就是南兄的靈柩還停在殯儀館，我想：「他的靈魂雖已上天，他的身體還在那裡面，只要我能親近他一天，我就要親近一天。」因此，每天一天亮我就急著想往殯儀館去。我無意梳妝也無心吃飯，只等孩子們一去上學就馬上跟著出門，有時因為客人或其他的事使我不能趁早前去，我就心急如焚，連人家問我的話也會答非所問，他們以為我傷心過度精神恍惚，反而坐下多方勸慰，那知他們的好意反給我心更大的煎熬！

到了靈堂我的心就安了，我確實地覺得他的存在，如沒有別人在旁，我會用我的頭依靠著棺材的一邊，流著淚向他細細傾訴，我對他有說不完的話，訴不盡的相思，好像我們又回到戀愛時期了，在那裡時間是永遠不夠長的，往往已晌午我並無意離去，總要別人再三催促才勉強舉步，每次臨走時我都撫棺和他說：「明天見，親愛的！」雖然我看不見他的表情，但我想像著他一定會微笑點首的！

後來他的墓快修好了。我開始著急不安，我知道連這點親近的機會也將沒有了。我心裡真不願意把他送得再遠一點。可是大家都說：落土為安，還是早點安葬的好，我雖是一千個不願意但又怕人家說我不通情理，說我自私，說我會使他的靈魂感到不安。想著他活著的時候，每次他出遠門時我都是心裡捨不得，臉上卻只好裝著若無其事般的送他走，現在，這是最後一次的行程了，我這作妻子的，是不是也應該勇敢一點呢！天啊，作一個勇敢的妻子是多麼的不容易啊！

終於在六月的一個早晨，我披上黑紗送他上山，送他到最後的安息所在了，當我眼看著砌墓的工人把最後的一塊磚頭封住墓門時，真是巴不得自己也能從那夾縫裡鑽進去和他一同封在裡面呢！

在他安葬後的第二天早上，我沒有地方好去了，茫茫然無處著落，只好把自己關在客廳裡對著他的照片發呆，一會兒客廳的門開了，老大輕輕地走到我身邊，親熱地叫了一聲：媽，接著其餘三個也進來了。德德拉著我的手問：「媽，您今天不出去了吧？」美美靠著我的肩膀說：「媽，我真想你呢！」站在後面的小明，一下子投入我的懷裡，用她的小臂膀圍著我的頭頸說：「媽我愛你，我真愛你啊！」

這一連串的稚氣而甜美的聲音終於打動我這空虛的心了，我抬頭看看他們，才發覺他們都變樣了，他們的頭髮是那麼長，臉色那麼青，一個個又瘦又黃，天啊，這是怎麼一回的事啊？我心裡一陣酸楚眼淚像泉水般的湧出來了，我張開兩臂把他們四人都摟在一起，語音顫抖地對他們說：

「我的好孩子，我的寶貝，媽媽愛你們，媽媽也真的愛你們啊！」

於是孩子們也哭了，母子五人哭做一團，可憐自從爸爸死後，這還是第一次我想到孩子，為了孩子而哭呢。就在這一剎那間，我的心也隨著母愛的復活而復活了。一道閃光照亮了我的心靈，好像有一個聲音在對我說：「你必須振作起來，愛他們照顧他們，你丈夫的生命並沒有死，他的生命就寄存在這四個幼苗身上呀！」

當我再抬頭起來看著南兄的照片時，我看見他在向我微笑，像著對我說：

「霞妹，我真高興你終於領悟了，此後你要堅強起來，好好教養這四個孩子，要知道只要他們將來有出息，你我的生命也會繼續地放著光輝的。」

現在又一個多月過下來了，這些日子我在試圖振作，願上帝給我力量，使我能負擔得起未來的這副重擔。

去年中秋夜

民國五十二年

中秋節的頭幾天，美美忽然問我說：

「媽，今年中秋節我們要不要去台大賞月？」

什麼，中秋賞月？她的問題就像利箭一般射進了我的心房，一陣劇痛使我半晌答不出話來。

中秋節是一個象徵團圓和歡樂的日子。它是屬於多情兒女和恩愛夫妻的。對於像我這樣一個失伴的孤雁還有什麼意義啊？是的，在過去我是很喜歡過中秋的，年年此日總要快快樂樂的慶祝一番，然而今年的情形已完全不同了，我們還有什麼值得慶祝的呢？這個破碎的心還那能欣賞團圓的月亮啊！無知的小女兒，竟提出這個問題來。當時我真想責備她幾句；可是面對著她那雙天真無邪的大眼睛和一臉迷惑的情色，又不想說什麼了。我只是嘆了一口氣，低聲的對她說：

「孩子，我們今年不去了。」

中秋的早上我出去買了一束鮮花和幾樣水果供在南兄遺像前。我默默地對他說：

「親愛的，你知道嗎？今天又是中秋了！」

他給我的回答只是悽然的微笑。

晚上，我把孩子們都聚集在客廳，給他們吃月餅和文旦。吃了一會兒，小明忽然發現他爸爸案前並沒有月餅，就大聲嚷著說：

「媽，怎麼不給爸爸擺幾個月餅？」

我還沒有回答，廣兒就對她說：

「爸爸是不喜歡吃月餅的，你知道嗎？」

她的小哥哥接著說：

「是的，爸爸不喜歡吃月餅，小明，你記得嗎？去年中秋節我們從台大賞月回來，就在這裡吃月餅，我們請爸爸吃，爸爸不要，你還拿了一個豆沙月餅硬塞到爸爸嘴裡，把爸爸嘴脣染了一圈黑鬍子，我們都笑死了。」

美美也說：

「可不是，後來媽媽說爸爸不喜歡吃甜的，還是請他吃點水果吧，就端出一個梨來叫爸爸自己削皮，那知爸爸削好以後，爸爸切一塊小明就吃一塊，結果只剩了一個心子給爸爸自己吃。」

小德又嚷著說：

「是的，是的，我也記起來了。後來我們大家不服，還罰小明唱一支歌呢！」

這一下，大家都記起去年的事了。於是你一句我一句把去年過節的事一件件都搬了出來，我坐在那裡呆呆地聽著，我的心本來已去到遙遠的地方，由於他們的追述漸漸地回來了。

往事一幕幕重演在我的腦際，一會兒好像我們全家都在月下散步，一會兒又好像就只我和南兄兩人坐在客廳閒談；我們幻想著門鈴響了，他推門進來的聲音；又好像看見他笑嘻嘻的跨進門來，手上提著一籃水果，那裡面盛著的是文旦和香蕉；又像是看到他把兩盒點心盒子擺在茶几上，我忙著去解繩子，孩子們圍攏來伸長脖子在看裡面究竟是什麼東西，他卻站在一邊看著我們笑。……

當我還在那似夢似幻的境界中時，忽然驚覺到廣兒悄悄地走到他爸爸的案前了。他仰著頭向爸爸的像凝視著，慢慢地兩行眼淚從他的面頰流下來了。一滴、一滴，那淚珠只是往下滴，他還是站在那裡一動也不動，一聲也不響。三個小的起初沒有注意，後來不曉得是那一個先發現了，忽然，大家都靜下來，德德和美美同時丟下手中正在吃的東西，跑到哥哥的旁邊，一邊一人，抱著哥哥的臂膀，呆呆地站著。小明明起先還有點莫名其妙，看看我，又看看他們，剎那間她也好像明白了，立刻跑到我的跟前，投在我的懷中，哭著說：

「媽，我想爸爸，我要爸爸啊！」

這時我那勉強在忍耐著的淚水像泉水似的湧出來了，我淚流滿臉的吻著懷中的小女兒，一句話都說不出來。

夜深了，孩子們都已經去睡覺了。小明明也在床上睡熟了。

我輕輕地起來，打開二門，走到院子裡。那時的月光很明亮，照得院子裡的樹木花草都清清楚楚的。可是那銀白色的光輝顯得那麼的生冷淒清，四圍的環境又是那麼的靜寂，我站在院中整個人幾乎凝固住了。過了好一會才找到旁邊的巴拉樹，把沉重的身體依靠在那棵主幹上。我抬頭看看天上的那輪圓圓的月亮，心裡想這不就是去年的那個月亮嗎？為什麼在去年它是那麼的美麗溫柔，而今天卻變得這樣冷酷無情了呢？去年今夜，我和南兄帶著四個孩子在台大校園中賞月，那時我們一路走一路談天，追憶著多少綺麗的往事，夢想著無限光明的將來。走到路的盡頭，月光下好像看見前面的花圃上有一叢竹子，於是我想起了家鄉的田園，我靠著丈夫的肩膀黯然地說：

「我們不知道什麼時候才能打回大陸呢？你想，如果有一天我們能夠一同到西湖邊去賞月多麼好！」

他用他的左手拍拍我的手背笑著說：

「這有什麼困難，看吧，不出三年，你的願望就可以達到了。」

那時我們說著就繞著校園往回走，月光隱約中孩子們一個個都找到身邊來了。我們停下來和孩子們說笑了一陣，他們又跑著去玩了。我們走到一個池塘旁邊，那個月亮就在池中央，好像離我們很近，南兄對我說：

「你累了吧？要不要就在這裡坐一下，欣賞欣賞這水中的明月。」

我說：「我不累，不過在這裡坐一下也好。」說著就在當地坐下了。我當時忽然想到「嫦娥應悔偷靈藥，碧海青天夜夜心」的那兩句詩，輕輕的對我丈夫說：

「你想一個人如果孤單單地過日子，生活是太寂寞了，今天的月姐，看著這一對對甜蜜的情侶和恩愛的夫妻也許心裡正在妒嫉呢！」

他笑著回答說：

「那麼你是『只羨鴛鴦不羨仙』了！其實，作神仙也有作神仙的好處呀！」

我馬上說：

「我才不要做神仙呢，但願我們能永遠這樣生活下去就好了。……」

這些對話好像剛剛說過，而今天，在這明月之下，卻只剩下我一個人了！我並沒有飛上天去作神仙，而我親愛的丈夫竟真的給上帝接去了。

夜是愈來愈靜了，只偶爾一陣涼風吹得巴拉樹的葉子蕭蕭作響，我默默地靠在那裡，打算站到明天。

不知過了多久，忽然聽得紗門「拍拉」一響，一個細小的身影出現在階前，只聽得她叫了一聲：「媽。」就見她向我跑來，兩隻細軟的手臂緊緊的把我抱住，我像是在夢中似的，摸摸她的頭。她抑起小臉用她兩隻烏黑的眼珠看著我說：

「媽，我沒有睡著，我聽見您開門出來的，您已經在外面好久了，我不放心呢！」

說著她就把我的兩手放在她的小臉上，她那溫暖柔軟的小嘴脣輕輕地吻著我的手掌，一絲暖意透過我那冰冷的軀體和冰冷的心。我俯下身去吻著她的額角，低聲的對她說：

「孩子，外面太涼，來，媽媽和你一同進去吧！」

大將軍的小故事

民國六十一年

很多人都以為胡宗南先生很神祕，其實他根本不神祕，只是他不喜歡常常有他的名字在報上出現，不喜歡浪費時間在喜慶宴會上，不喜歡向人們誇耀他對國家的貢獻，也不喜歡一切虛偽的社交來往而已。他的朋友都是真朋友，他與部屬、學生間的關係都是真摯而坦誠的，人家說「蓋棺論定」，在他去世後的這十年來，我們所享受到他所遺留下來的人情與友誼，實在是取之不盡，用之不竭，所謂「人在人情在」這句話，用在他的身上，就不恰當了。因為他生前既不求人情，也不講究日常生活中的那些「禮尚往來」的通俗人情，他去世後我們卻得到了他師長、長官的多方照顧，友好故舊的誠摯關懷，許多他生前和我們家庭很少來往的朋友，都對我們表示了濃郁的友情，這情形我在幾年前曾寫過一篇文章表達了我的感受，這次《中華日報》社要我在他們「傳記與傳奇」專欄寫一點有關胡先生日常生活的文章，起初我實在不敢嘗試，經再三催促，只勉為其難的寫幾則小故事，但這既非傳記也非傳奇，只是真真實實的一些有關胡先生個人的小事，不過如果說一個人的日常生活以及他對人接物的小動作，可以表現出他的性格與人格的話，我所提供的這點資料，也可算是胡先生傳記的一部分了。

胡先生原名琴齋，宗南是他去考黃埔的時候改的，胡家原籍是浙江省的鎮海縣，世居鎮海縣陳華埔朱家塘樓，他父親際清先生在他兩歲的時候到孝豐縣鶴落溪村去經營藥業，後來就在那裡落籍，現在大家都知道他是孝豐人，胡家的籍貫也都改為孝豐了。他四歲的時候，母親王太夫人就去世了，那時他仍在鎮海，寄住在伯父家，直到他七歲的時候，際清公在孝豐續娶吳太夫人，才把他接到那裡。從那時起，他前後從孝豐幾位名儒讀書，直到十四歲的時候，才入孝豐縣城高等小學堂肄業，接受新式的教育，但由於他小的時候國學基礎打得好，所以後來成為湖洲一帶知名的教師。

當他在孝豐高等小學堂讀書的時候，因鶴落溪村離縣城有二十多里，學校又沒有宿舍，所以必須另外租屋居住，而他的家境並不富裕，租不起好的房子，只好在縣城熟人家裡租到一席之地，聊供棲身，那家人家房屋狹隘，而子女眾多，平常吵鬧不堪，但胡先生是個用功的學生，為了愛惜光陰，連寒暑假都不肯回家，這家小孩那麼吵鬧，使他感到非常困擾，後來得知他們的側房，有一間房間是鬼屋，沒人敢去住，他就自告奮勇的到那裡去讀書，可是那間房屋，棄置已久，外面又是荒煙蔓草，所以蚊子很多，尤其是夏天，他常常給咬得滿腿滿臀都是紅疱，後來他發現屋角有兩個空酒罈，忽然靈機一動，把它搬過來放在跟前，再把自己的兩隻腳伸進去，這樣蚊子就咬不到了。他這樣的苦讀有一天給房東知道了，他又好笑又佩服，覺得這樣一個年才十五的青年，能夠如此勤奮向學，將來一定能有成就。

他不但好學，而且思想也很新，十幾歲時，就對那條拖在腦後的辮子感到厭惡，認為那是落伍與可恥的象徵，心裡很想把它剪了，只是迫於習俗又不能那麼做。恰巧當他小學要畢業的那年，就是武昌起義的那年。舊曆八月十九日武昌起義，九月二十五日孝豐就光復了。當光復的消息傳到學堂時，縣立小學堂的學生，全體大聲歡呼，胡先生一聽，馬上高呼「大家趕快剪辮子！」自己拿了一把大剪刀，第一個把辮子剪下以作示範，其他同學看他一剪，馬上響應，沒有多久五百個學生個個把辮子剪掉了。

胡先生於十六歲時畢業於縣立小學堂後，接著就考入全省著名的湖州公立吳興中學，該校教員都是名士學者，如國文歷史教員為德清朱穀蓀先生，地理教員為蘇州鈕頌青先生（後為北師大教授），物理教員是江陰高子瞻先生，兵式體操教員為湖州陳其采先生，器械體操教員為南京周逸鳴先生，英文教員為上海孫仲謀先生。這個中學前身是湖州的愛山書院，校長沈毓麟先生是同盟會會員，因見帝制雖已推翻，時局仍極混亂，就把全校學生組成「愛山同學會」，內設文藝、遊藝、體育三股。體育股每日課餘學兵操一小時，由陳其采先生、唐貫經先生與一位日本教員分任教練，胡先生對於體操極有興趣，尤其長於機械操，動作熟練為全校學生之冠，所以被推為體育股股長，並且連任三年，他這種對兵操及體育的高度興趣與熱忱，以及所受名師的薰陶，才使得他後來去投考黃埔軍校，並且進去之後很快就顯出了他的領導天才，在吳興中學他是以第一名畢業的。

中學畢業之後，馬上就被聘為母校孝豐縣高等小學校國文史地教員，後來又在孝豐當時最完備的私立王氏小學任教。由於他的文史造詣很深，講課深入淺出，活潑生動，學生都喜歡聽他的課，更由於他那充沛的精力，洋溢的智慧，和動人的詞藻，才二十出頭就成為當地的名教員，只要提到「琴齋先生」可說是無人不知無人不曉。不但是王氏小學的學生，其他學校的學生也都慕名而去聽他的課。他那時已是有名的演說家，演說時態度莊嚴內容風趣，再喜歡打瞌睡的學生，一到他上課就都聚精會神的聽了。

可是他並不以當小學教員為滿足，民國十年他利用暑假獨自到津沽山海關一帶去旅行，觀察地理形勢，研究當地的民情風俗，回去以後對同事好友說：「你們看吧，十年之後日本一定是中國的大患，而東三省更將先受其禍！」他們問他何以見得，他說北方一帶來往的日本人很多，尤其是京榆路上都是日本浪人，那些日本浪人其實都是日本軍人，當時他們還有些不相信，等到後來九・一八事件發生，大家才佩服他的遠見，而那個時候他已經是名將了，他後來投考軍校，部分原因也是那次所見所聞的刺激，所以當民國十二年冬，聽說國父在黃埔創立軍官學校，並且在上海招生時，他就決定投筆從戎，當他離開孝豐的那天，沒有給別人知道，只幼弟琴賓送他到城門口。

那時他身穿藍布長衫，腳穿草鞋，手上除了一把油紙雨傘和一小包換洗衣服外，沒有任何行李，出了城門他要弟弟回去，並且把手中的雨傘也要他帶回去，弟弟不願意他離去，牽著他的衣服哭著不肯放手，他溫和地對弟弟說：「丈夫有淚不輕彈，不要哭了，你乖乖的回去，大哥只要有個名堂出來，就會回來的。」弟弟沒辦法，只好獨自哭著轉回去，而胡先生這一離家，直到北伐成功了才回去。

胡先生考進黃埔軍校後，被編在第二大隊第四隊，那一隊的同學雖然個個都比較矮，但個個身體強壯，操練時特別有精神，他同隊的同學如王叔銘將軍、冷雲庵將軍，現在都在台北。據說他們當年在學校時，只要是身材矮一點的，人家就知道是第四隊的。可是胡先生因為在中學時已對兵式體操很熟練，進了軍校後，術科方面就顯得很突出，據說不到三個月，就被派直接作實習連長，而沒有經過班長、排長的階段。不過畢業之後，最初被分發在教導第一團第三營第八連為少尉見習官，民國十四年三月十三日東征，棉湖戰役還是機關槍連中尉排長，後來獨力以兩挺機槍掩護我軍作戰成功，才晉升為機關槍連上尉副連長。

民國二十一年初，胡先生任第一師師長，那時他已經很出名，大家都知道第一師是鐵的隊伍，凡是人才都希望到第一師去。其時林蔚文先生給他介紹了一位參謀長，這位參謀長原是軍事委員會的高級幕僚，本身已頗有名望，因為慕胡先生之名，願意作他的幕僚。當時第一師駐在龍潭，胡先生為了禮遇這位參謀長，就帶了一位隨從參謀，親自到南京去接他。到了南京和平門車站，胡先生在車站等候，叫隨從參謀把新參謀長接到那裡相見，不久隨從參謀就去把新參謀長接來了。當他們到達和平門車站時，那位新參謀長大吃一驚，原來他心裡想胡師長名頭那麼大，派頭一定也不小，這次既然親自來南京，他一定是坐著花車來的；那知孤零零地停在車站的只是一輛手搖車，天氣那麼寒冷，而那位師長卻氣定神閒若無其事地安然坐在那輛手搖車上。看到他們到來，他馬上跳下車來，讓那位參謀長坐在中間，自己卻和那位隨從參謀分坐在兩邊；參謀長再三謙讓，他都不同意。大家坐定之後就向龍潭駛去，途中他希望車子加速，又怕搖車工人太累了，就親自下座去和他的隨從參謀一同與工人換班搖車。在這種情形之下，那位參謀長感到萬分尷尬，而這位師長卻毫不在乎的搖得很是快樂。

這種情形當時可能有人以為是他有意做作，事實上他認為勞工神聖，這工作別人可以做，他自然也可以做。後來第一師駐軍在天水時，為了軍用需要，在短期內必須完成一個飛機場，他每天親自去機場視察，看看工程進度不夠快，他就自己去和士兵抬籮筐運土。別的士兵看見師長都親自來做了，覺得非特別賣力不可，於是大家都做得格外起勁，不到三個月，一個簡易的機場居然完工了。

胡先生的衣食住行都很是儉樸，像那樣的豪華客車不坐，坐搖車的例子很多，另外他因為從來身上都不帶錢，出門時總有人跟著替他付錢，漸漸的竟下意識的忘記用錢那麼一回事。

在民國二十一年有一次他在杭州樓外樓請朋友吃飯，吃完飯把客人送走，他自己也上車走了，竟忘記了付帳。飯館的老闆知道那位是有名的胡師長，不好意思把他攔住，就讓他去了，不過他也想這位有名望的大官，絕不用愁會付不起飯錢的。於是天天等著他派人送錢去，那知左等也等不到，右等也等不到，好幾個月過去了，仍然沒有送錢去，於是他打聽到他一位隨從參謀的姓名住址，然後給他寫了一封信去，請他代為索債，那位參謀接到信後已記不起這回事，就把信拿去給胡先生看，他看了信後，思索了很久，最後終於記起這回事了，於是大呼慚愧，叫那位參謀立刻以加倍的錢匯到杭州去給那位老闆，並向他說明經過。

像這樣類似的事還有一次，就是在上海撤退前不久，他有要公去奉化，途經上海，碰到幾位好友，就約同一起去一家四川館吃飯，因為過去他從來沒有自己付過帳點過菜，所以不知道菜的價錢，也弄不清自己口袋裡的兩塊袁大頭有多大的價值，叫了幾色可口的菜，弟兄們痛快的吃了一頓，可是到了付帳的時候，口袋裡摸了半天，摸出來的錢只夠付零頭。後來，還是同去的一位朋友，把他太太給他放在口袋裡以防萬一的錢湊數了。事後我們幾位太太們聚在一起談起這件事，那位賢大嫂笑著說：「我說以防萬一，那次果真派上用場，不然可能那館子老闆也會找上門來呢！」

還有一次也是二十一年，在他駐軍漢中的時候，他上街去理髮，獨自一人穿著一套灰布軍裝，身上又未帶錢，理完髮後要付錢了，口袋裡掏不出錢，便請那位理髮師隨他一同回家去拿，一路上兩個人有說有笑的很談得來，等走到司令部門口，那領班的衛兵看見司令回來，立刻大叫了一聲「立正、敬禮」，把那理髮師嚇得臉都青了，以為衛兵在罵他，回頭就跑。他就叫那班長好好的把他請回去，在門旁等著，自己進去叫副官多送點錢出來給他，那理髮師就高高興興的回去了。胡先生素來沒有階級觀念，對部下士兵，完全像自己的弟兄一般，不但在作戰時和大家吃同樣的飯，睡同樣的鋪，日常對待左右的副官、參謀也完全是對待自己的兄弟一般的。事實上他的隨從副官參謀等，個個都是人才，大多數都是大學畢業後又在軍校畢業的，還有的是國內大學畢業後又去國外深造後回去的。他對身邊的衛士都很客氣，有一次在南京，他帶了一位衛士去遊明孝陵，路上碰見張治中，本來張治中是帶了好多人，坐著幾輛汽車去的，看見胡先生馬上下車和他相見，兩人見面握手之後，胡先生指指旁邊的衛士給他們介紹說：「這位是張先生，這位是楊先生。」大約張治中因知道胡先生跟前人才很多，馬上和那位衛士熱烈的握手，並且連連的說：「久仰，久仰！」

胡先生最不喜歡一般迎送的禮節，更怕那些迎送的場面。有一次他由南京開完會回到開封，第一師在開封有個軍官訓練班，那訓練班的總隊長為了對長官表示敬意，就派了軍樂隊和一個儀隊到車站去迎接，當車子快進站時，胡先生得知這個安排，趕快從先頭的車廂下車，換乘汽車離去。等到車子進站軍樂大作，那位總隊長上車去迎接時，從頭一節車廂到末一節都找不到他，才知道他已離去，經過這次以後，他的部下再也不敢用儀隊去接他了。

他不但不喜歡一切繁文縟節，平常治軍也很嚴，更討厭部下賭博，對於階級較高的幹部，如有愛賭的不便過分責備，就用各種方法規勸。當他駐軍於甘肅天水時，得知部下有一位營長喜愛賭博。有一天特別召見他，和他談了一些軍中事務之後，就請他到他書房去參觀。書房就在他辦公室對面，兩人進去之後，書桌上擺著許多新到的書籍和當地的報紙，他像是若無其事的對那位營長說：「你在這裡安心多讀書，不要胡思亂想。」說完就走出書房把房門鎖上，門外的衛士看見那位營長進去，卻不見他出來，都覺得很奇怪，後來才知道他是被胡先生軟禁在那裡看書，免得他再去賭博，那位營長經過了一天的反省之後，知道長官對他用心之苦，從此就不再賭博了。

胡先生自己的嗜好是騎馬爬山，性子再烈的馬，他都能夠馴服，每天早上不是出去騎馬就是爬山，在他當師長時，有一匹馬性很烈，跑得很快，別人去騎都騎不住，每次不等你跨上鞍就會把你摔下來，但是對於胡先生卻很馴服，只要他一跨上去，就會服服貼貼的載著他飛馳而去。人家叫那匹馬為「火車頭」，胡先生很喜歡牠，有一個時期天天清晨總要騎著「火車頭」在郊外跑幾圈。由於他的騎術特精，偶爾也難免大意，在抗戰勝利以後，共匪到處製造事端，阻止我方軍隊接收東北，而美國人又用各種方法扶持他們打擊國軍，他又氣又急，天天出去跑馬想心事。有一天正在馬上狂奔時，想到國事，憤怒之餘，不自覺的將手中韁繩一緊，那馬正在狂奔中以為主人要停，來一個急煞車，他因為正在想國事，精神不貫注，一下子就給摔下來。這一來，內臟受了重傷，竟有二十四小時昏迷不醒，後來傷好之後就很少騎馬了。

至於爬山也是常事，凡他的部隊駐紮之地的名山寺廟，他沒有不到過的，西安的華山不必說了，每年總要爬幾次的。其他的名山大川他也到過不少，他作軍長時，有一次和副軍長范漢傑及一位參謀去遊湖南的衡山，三個人都穿了藍布長衫，乘轎上山，到了半山相約下轎爬山，到了晚上就寄宿在山上的一個寺廟裡，對廟裡的方丈自稱是教書的先生。那方丈得知他們是半途棄轎步行上山的，攀登了那麼長一段路竟毫無倦容，似乎不太相信他們是文弱書生，但身穿長衫而且談吐儒雅，談詩論道樣樣都能，卻又不得不相信他們是書生，湖南的和尚都很有文才，那晚談得非常愉快。這種爬山的興趣他一直不減，後來在台灣每天早上也出去爬山，平常是天一亮就坐汽車出去，有時去爬圓山附近的山，有時去木柵爬指南宮，也有時到中和去爬圓通寺，台北市近郊所有的山都給他爬遍了。

胡先生一生戎武，很少享受家庭生活的樂趣，在大陸時期不必說了，就打從他於三十九年三月底離開大陸至五十一年二月十四日逝世時止，將近十二年，一部分時間在大陳，一部分時間在澎湖，一部分時間在國防大學及國防研究院受訓，其間還去了美國一趟，真正與家人子女相聚的日子不到四年。

但是他很愛孩子，每次回家總要帶很多零食給孩子們吃，我怕甜的東西吃太多，會把孩子的牙齒吃壞，很想叫他少買一點，可是看他回家後孩子們圍繞著他，等著他把一包一包的食物解開給他們看時的樂趣，到了嘴邊的話又忍回去了。結果我們家的許多瓶瓶罐罐，都裝滿了沙其馬、巧果、炒米花、芝麻糖、花生糖……各色各樣的甜食，每次總要等有一個孩子生日的時候，請些小朋友回家來才把存貨出清。他以看著孩子吃東西為樂，而自己卻從來不嘗一口，正與他經常以幫助他人為樂，從來沒有為自己打算一下的性格一致，有一次他還鬧了個笑話，那是民國四十三年正月，他從大陳回來後正在國防大學研究，我因為母親病重，到鄉下侍候母親，就把孩子交給他管，那時候孩子還小，最小的還未出世，老三才一歲有保母帶著，要他照顧的是兩個男孩。他這位大將軍，管幾十萬大軍很有辦法，管兩個小男孩卻頗費心思。因為孩子太小，他沒法教他們大道理，唯一的法寶就是買東西給他們吃，哄他們玩，可是天天回家都買那些同樣的東西，孩子們都吃厭了。有一天正好是農曆正月十五，他路過羅斯福路，看見很多人在一家糕餅店買元宵，他想這東西孩子們沒有吃過，一定喜歡，就買了一大盒，回到家裡，打開盒子，告訴孩子們這東西很好吃，叫他們趕快吃。兩個男孩從來都沒有見過這種東西，爸爸叫他們吃，他們就吃，但是外面那些米粉吃起來沙沙的，實在不好吃，他們就把裡面的豆沙芝麻餡兒吃掉了。當第二天我抽空回家看他們時，只見客廳裡一盒元宵，大部分是一半一半，問廣兒那是怎麼一回事，廣兒說，爸爸給他們吃的，可是外面的粉難吃死了，他跟弟弟都只揀裡面的東西吃，其餘的都剩下了，我得知他們竟把生元宵拿去吃了後，真是又好笑又著急，怕把孩子肚子吃壞了，但結果倒什麼都沒發生。

胡先生當年離開孝豐時，他的幼妹月琴還很小，他平時很少回家，所以在他心目中，妹妹永遠是小孩子。大陸撤退後，他的繼母和弟妹的家也都搬到台灣來了，其時小妹已經結婚，並且已有兩個孩子了。有一次他去赴一個朋友的壽宴，碰見妹妹也在那裡，問她是不是一個人去的，他妹妹回答是的，他就很著急的對她說：「你怎麼可以一個人出來呢？女孩子不可以一個人亂跑的呀！」吃完飯堅持要親自送她回家。妹妹沒有辦法，只好讓他給送回家了。事後她告訴我這件事，覺得大哥很奇怪，當她小的時候不管她，現在她已經大了，並且已經是作媽媽的人了，他忽然管起她來。我想這可能是那天她先生沒有和她同去，作大哥的認為她不應該一個人出去應酬，因為對於這些地方，胡先生的腦筋很守舊，他一向認為一個已結婚而且有了孩子的婦女，是越少出去越好，婦女的責任應該是家庭和子女，那天只是給她一個示範而已。

另一方面，他又非常尊敬長輩，雖然過舊曆年我們很少拜年，但是幾位朋友的老太太、老太爺那裡，我們是每年一定去拜年的。我母親在世時每年年初一我們也一定去鄉下給媽媽拜年，母親去世後，像湯老太太、羅老太太那裡，還有幾位老師那裡我們每年必去。民國五十一年的農曆正月初一，他身體已經很不好，早上起來我說：「我們今年就不去拜年了吧，過幾天等你好一點再去看那幾位老人家好了。」他立刻回答說：「這怎麼可以，年初一不去，遲了就不夠恭敬了。」結果他還是支撐著和我一同前去向幾位老人家拜年。幾位長輩事後知道他當時的健康情形，都為他這種敬老的行動而感動。

他到台灣後的一個大的轉變是他的宗教思想，自從他最後由西昌回到海口時接到兩本《聖經》後，他就很用功的研讀《聖經》，他的第一位《聖經》老師是原籍美國的戴籍三夫人，每星期二、五兩次給他講解英文《聖經》，他不但上課時很用心聽，很認真的研討，課後也很用功，幾乎把每段主要的經節都背得很熟，當第二次老師去時，不等她問起他就會先對她背上一段，戴師母對於這位虔誠的學生很是滿意。後來在澎湖他也繼續查經，有時還邀請一位在當地傳道的白小姐（美籍），談經論道，他最後的《聖經》老師是陳竹君教授。在五十年的暑假，有一天他忽然問我是不是可以請我的好友陳竹君女士來研究《聖經》，我說：「如果你有此意，我相信她一定會來的。」竹君姊是我金大的同事，她一向對我很好，更關心胡先生的靈性生活，現在他既然自動的提議要研究道理，她當然答應了。從那時起直到五十年年底他咳嗽得很厲害，實在無法支持之時止，將近半年的時間，他都在研讀《聖經》，通常竹君姊來時，先由她提出《聖經》章節給他詳細講解，她回去後，他就把她所給的章節圈起來再細細的研究、思考。《聖經》上有一節說：「你就是贏得了全世界，卻喪失了自己的靈魂又有什麼益處呢！」這句話給了他很大的啟示，他去世後我翻閱他的《聖經》，發現他在那一節上，用紅筆密密的圈了雙圈，我確信，他靈魂是得救了的。

他是個意志極為堅強的人，實在是徹頭徹尾的一個硬漢，普通的人無論在精神方面或身體方面總有顯得軟弱的時候，而他卻從來都沒有過。在外面或在別人面前不必說了，平常家居他也一樣的衣履整齊，立得挺挺，坐得端端正正的，再熱的天氣都沒有穿著汗衫短褲在家裡走動過，再冷的天氣也沒有穿過大衣。就是到病情已經極端嚴重了，醫生堅持要把他送醫院時，他還是端端正正坐著車子進醫院的。在他臨終前三天的清晨，聽說總統老人家要去看他，他堅持要起來刮鬍子，我說：「你身體不舒服，我給你把臉洗洗，頭髮梳梳就可以了。」他不但不聽，反而很不耐煩的對我說：「這個樣子怎麼可以見總統！」我沒有辦法只好扶他起來，幫忙他整理得乾乾淨淨的，所以老人家看到他時，也想不到他的

病情已經那麼嚴重了。

胡先生逝世已經十年了，他這一生真正是清清白白的來，乾乾淨淨的去，堂堂正正的生，平平安安的死，正像他逝世後領袖給他的評語說：「他的死已附於正氣之列了！」

梅林花開

民國六十三年原載《梅林花開》
華欣文化事業中心出版

元旦那天，天氣是那麼晴朗，陽光灑在身上暖暖的，軟軟的，很是舒服，一清早我們就向陽明山出發，當車子彎進南兄墓園時，我竟給眼前那一片璀璨驚呆了，滿山梅花怎一下子都開了呢？來不及等車子停穩，大家就紛紛跳下車來，孩子們快樂得又叫又跳的向斜坡的梅林跑去，先到樹下的就大聲的讚賞著說：「太美了，太美了！」我也匆匆的跟著他們跑，沒照往常的途徑從正面拾級而登，到了林邊，放眼看去，一百多株梅花簡直開得像香雪海一般，大部分是白梅，小部分是紅梅，還有幾株桃樹夾在中間，桃花也含苞待放，桃紅色的瓣尖已從嫩綠的小葉間伸出頭來，有幾株梅樹往年只長葉子不開花的，今年也開得滿枝晶瑩，真像粉粧玉琢的一般，那邊小徑旁的兩株紅梅更是開得嬌媚，開得鮮豔，紅梅的香味特別濃郁，滿樹花蕊散發出來的芬芳引人欲醉，這景色真看得人眼花撩亂心頭狂喜，我穿進梅林，從這株穿過那株樹，身子擦過樹幹時花瓣紛紛飄落，我有意讓它落在我的肩頭，落在我的髮際，落滿了我一身，走走又停下來看看，欣賞半天又再前進，這樣在林間穿行了好一會才攀上斜坡，和孩子們一同向南兄墓前鞠躬致敬。

我們本來是來拜年的，平常行完禮後稍作逗留即行下山，這一天我實在捨不得離開，覺得假如就這麼匆匆而來，匆匆而去，實在太辜負了這一片梅林了，於是就索性坐下來憑欄欣賞，從山上看下去，枝頭花朵更濃密，有些地方因為樹與樹的間隔太近，花枝幾乎重疊在一起，成為密密的花浪了，像這麼茂盛的梅花，來台後我還是第一次看到，記得民國三十七年冬明孝陵的梅花開得正盛，可惜因為時間關係南京人已很少有心情前往賞梅。在一個偶然的機會我得以和幾個朋友同去梅園，那年南京很冷，陽光下的路面積雪溶化後又結成冰，走在上面又硬又滑，我們冒著刺骨寒風走了好長一段路，看到第一株梅花，再走進去愈進愈多，路兩旁都開滿了純白如雪的白梅，走到裡面，但覺芬芳撲鼻，原來裡面大多數是紅梅和蠟梅，我們進到裡面就完全給那國色天香所吸引，忘了寒冷也忘了時間，在林間徘徊了好久才離去，那也就是我們最後一次在大陸上賞梅了。

我們這片梅林是十二年前開始經營的，當時有一個墓園營建小組，由趙龍文先生負責召集，他們計畫著怎樣利用周圍的環境，種植些松柏和杜鵑，我因南兄愛梅，提議也在墓園種一些梅花，但是台灣梅樹很少，就是陽明山公園也不是以梅花而是以櫻花著名的。並且還有人說陽明山的土質不適宜種梅，種了也不會活，活了也不會開花，可是我還是抱著姑妄一試的精神，請他們向附近苗圃找找看，找了好幾天都沒有找到，那時趙先生是中央警官學校校長，他的學生在阿里山、梨山那一帶作警察所長，他想那些地方氣候較冷，也許可以找到幾株，就打電話去和他們聯絡，果然兩處都有，尤其是嘉義那邊，有一個苗圃新近培植一批梅樹苗，於是就從兩個地方一共運來兩百株樹苗，有四、五十株，稀疏地種在墓廬後面的山上，其餘一五〇株種在墓前兩邊的斜坡上，最初兩年長得很慢，最好的也只長點葉子，大部分都是光禿禿的小枝，我想果然陽明山的土質不宜於種梅花，這些樹苗恐怕長不成林了，但三、四年後雖然仍未開花，葉子都倒長出來了，又過了一、兩年，也是新春季節，當我們照例上山拜墓時，看見引向墓廬的那條小徑旁邊，有一株紅梅居然有兩個枝頭開出了幾朵粉紅色的小花，這一發現使我喜出望外，前去細細觀賞一番後又站在花旁，請人替我拍了一張照片作紀念，後來把照片洗出來一看，真是可笑又復可憐，原來那株小紅梅在我這個高大的人影旁，竟顯得那麼的清瘦，而株頭上存留的梅花又是那麼稀疏！最近幾年來可能是冬天比較冷，土質也有改進，那些梅樹都長得很快，雖然花開得不茂盛，但每年總是稀稀疏疏的開幾枝，只有去年梅花開時正遇著幾場豪雨，當我們新春上山時，僅剩得數點殘紅一地落英。

今年梅花終於盛開了，想到國人大都愛梅，大陸上很多地方都有著名的賞梅去處，江南、江北好多人家後院都種上一、兩株寒梅，每到歲暮年初，案頭瓶中供上一株梅花，增添無限情致，而名勝古蹟如南京的明孝陵衛，西湖孤山，無錫的梅園等等都是當年名士流連吟詠的好地方，每年梅開季節，賞梅人士絡繹於途，報章雜誌也充滿詠梅詩章，現在的台灣，由於地處亞熱帶，氣候炎熱，冬季很短，除高山上外從不下雪，因此除了少數地勢較高所在，很少種植梅花，賞梅自然不易，我們這個梅林，如果能夠開放一定會吸引來很多愛梅人士，可惜因為環境關係，外人無法進入，任令這滿林名花今天悄悄的開，明天又悄悄的謝，這樣的花而無人欣賞，實在辜負花神的一番好意，想過去只怨花不開，現在卻又憐它無人欣賞了，我默祝上蒼，能有一天園內主人，會像往常一般，策杖散步，順道路過，我相信如果他一旦發現這滿林梅花，定然會欣然色喜，如睹故人，果真如此，那麼當初植梅的心願也不會是白費的了。

輯三

鑲著青天白日軍徽的軍帽下一張英俊的臉，濃黑的眉毛，炯炯發光的眼睛，鼻梁高而挺，嘴脣緊閉但線條柔和而帶笑意，英姿煥發生動有神。就是這張照片，情定終身，開啟「天地悠悠」一世情。

玉樹臨風的將軍風采

天地悠悠此生綿綿

➤因著父母開明作風得以接受現代教育，造就日後的我。

➤一九三九年因中日戰爭延誤婚期，我遠渡重洋到美國喬治華盛頓大學深造。

➤一九四七年五月，延緩十年的喜訊終於來臨。他挽著我走進禮堂。客人只有八位，六位是證婚人，兩位是介紹人。聽著證婚人宣讀結婚證書時，滿心洋溢著愛與喜樂。

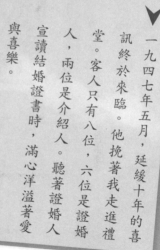

天地悠悠此生綿綿

新婚的日子，我倆陶醉在愛情的芬芳裡。從早到晚相偎相依，散步、賞花、品茗、論詩。他那醇厚的愛，滋潤了我整個心靈。他的每一句溫言都會使我的心弦顫動，他的眉語，都能使我兩頰泛紅，這時，我才真正的體驗到「蜜月」的甜蜜！

烽煙處處戰鼓頻催時，我們仍能有短暫的聚首，除了珍惜，更是感恩。

新婚燕爾兩情正濃，他卻披上征衣，留下我獨自嘗盡別離相思之苦，時而湧上「忽見陌頭陽柳色，悔教夫婿覓封侯」的情懷。

偶爾我們在重慶梅園行館的小徑散步，他溫存與體貼的濃情密意，讓我興起「只羨鴛鴦不羨仙」。

長子為真呱呱墜地，與父親見少離多，心心念念他們父子能時常相聚。

天地悠悠此生綿綿

後來孩子一個個的出生，生活日益艱困，卻更增添溫馨與和樂。

一九五四年十月，我們又添了一個女兒，兩個男孩聰明，兩個女孩美麗。特別給她取名「為明」，象徵光明在望，期望國運前途明燦。

戰功彪炳勛績斐然的將軍，也能成功轉換角色，於一九五五～一九五九年把澎湖從一個沙土飛揚、地瘠民貧的列島，建設成堅強的軍事堡壘及美麗的海上公園；數年後居民為感念而立碑。

時光易逝，歲月無情，一個人再堅強也禁不起時間的折磨，將軍自大陳回台後，對海潮而長嘯，望明月而涕泣，遙念國家山河，回憶英雄事業，心情鬱結，最後不敵病魔。一九六二年六月，數百位親友伴同我和孩子送將軍於陽明山上的紗帽山麓，墓廬依山面海而築，他在那裡可以看見海那邊的家鄉。送他那天傍晚，佇立墓前，俯仰之間，但覺天地悠悠，滄海茫茫，三十年歲月，只是一夢！

天地悠悠此生綿綿

看著將軍似乎笑著的照片：「你要堅強起來，好好教養這四個孩字，要知道只要他們將來有出息，你我的生命也會繼續放著光輝。」因此，矢志不讓將軍失望，苦心孤詣將孩子撫養成人，均能為國家社會貢獻己力，足可告慰將軍。（上為與孩子們合影，右下者手抱長孫享天倫，左下是為美結婚時留影）

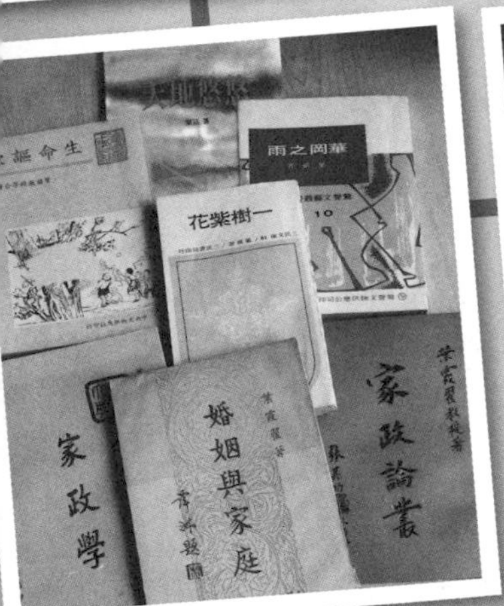

▲因對家國的責任，任重道遠，故奉獻所學。分別擔任中國文化學院副院長（右上為主持會議時攝、左上為參加亞洲兒童教育研究會與行政院孫運璿院長合影）、台北師專校長（右下為退休時獲台灣省林洋港主席頒獎），並著書立說新傳學萃（如左下）。

附錄

一部有血有淚的傳記

張其昀（民國五十四年九月於陽明山莊）

胡宗南將軍夫人葉霞翟女士新著《天地悠悠》，在《文壇》雜誌分七期連載後，合為一書，行將出版，她要作者說寫幾句，充卷頭語。這部書是妻子追念丈夫的回憶錄，是千言萬語有血有肉一部空前的傳記，有其特殊的貢獻與崇高的價值。

作者和宗南先生是老友，關於他的生平，他的風格，已經有過幾篇紀念文字，不需要重複了。對於霞翟女士因近三年來在中國文化學院為同事，深知她學養深厚，辦學認真，有悲天憫人的胸懷，豪邁不群的志氣，又能作娓娓動人的講述，和清麗絕俗的文章。她是一位難能可貴的教育家，虔誠的基督徒，第一流的作家。

作者記起英國約翰生博士（Samuel Johnson）所著詩人傳中《阿狄孫傳》（Life of Addison）的一段話：

「凡欲在英文風格上有造詣：親切而不粗俗，雅麗而不做作，那必須對阿狄孫的文集日夜地下工夫。」

作者讀了葉教授的大著，也常有親切而雅麗的感覺。

英國另一文豪麥考萊評論包斯威爾（Boswell）著《約翰生傳》有云：

「《約翰生傳》斷然是一部偉大的極偉大的作品。荷馬是第一位英雄詩的作家，莎士比亞是第一位戲劇的作家，狄摩西尼（Demosthenes）是第一位雄辯家，那麼包斯威爾也可說是第一位傳記的作家，他是未見其比的。」

作者不敢說這部《天地悠悠》和《約翰生傳》比起來怎麼樣。可是胡將軍國士無雙，雖古之名將，無以過之，世有公評的了。他身後的回憶錄，乃出於相戀三十餘年，相處近二十年太太的手筆，真可說是空前的，是獨一無二的。願這一部新著的刊行，在中華兒女的心潮裡，泛起了大波瀾，而化為復國建國真實的努力，使胡將軍的遺愛，永在人間——永遠、永遠。

文學是人類精神糧食

陳紀瀅（民國五十四年中秋節）

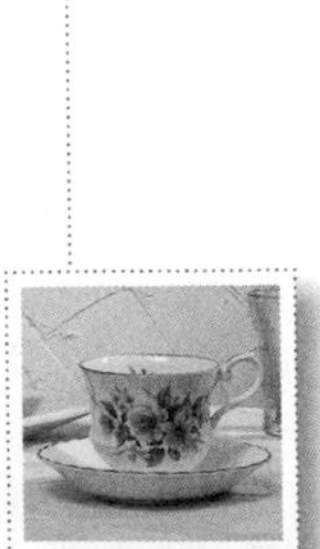

傳記文學的功用，在於以真的事蹟，透過藝術手腕，發揮更大的人生啟迪影響。從來英雄聖賢的傳記，都被後世奉為敦品勵行的楷模。文學藝術實在是人類精神不可缺少的生活要素。

中國傳記文學起源甚早，但《史記》一書，影響最大。陳壽的《三國志》，可醞釀為一部《三國演義》；《宋史》一部〈張叔夜傳〉，可孕育成為一部《水滸》。根據傳記資料，編撰說部與戲劇的例證，可以說不勝枚舉，在中外文藝領域內，都是同樣豐富無比。

西洋文壇，非想像小說（Nonfiction）與想像小說（Fiction）同受重視；可是有歷史背景的著作，遠較杜撰的故事，流傳得久遠多了，給人的印象也深刻多了。因此，如卡爾·桑德堡（Carl Sandburg）所著《林肯傳》（Abraham Lincoln），迄今被人喜愛，暢銷不衰；瑪格麗特・米契爾（Margaret Mitchell）所著《亂世佳人》（Gone with the Wind）無論原著與改編成的電影，仍到處受廣大群眾的歡迎。可知有真實事蹟與有歷史影響的文藝作品，無論中外，都能吸引人。

葉霞翟女士把她丈夫胡宗南將軍的人格與事蹟，由文學筆法雕塑鑄造，既反映真實，又饒有風趣；令第三者讀來，極易接受，而受感動。

葉女士把全部故事，分成〈一張照片〉、〈萬卷詩書〉、〈黎明前後〉、〈甘苦之間〉、〈再接再厲〉、〈求學問道〉、〈天地悠悠〉等七篇加以描繪。論文字的哀婉，勝於《浮生六記》；論中心意識，鼓勵來茲，遠超過沈三白的兒女私情。尤其她把近三十年來的中國歷史與社會變動，從側面勾畫出它的輪廓，比直接寫年紀，容易引人入勝。

來台後，忝承不棄，曾與胡將軍略有交往。從我的膚淺印象中，證明葉女士所寫的種種情節，恰到好處。胡氏一生事蹟雖已有其他文字加以記述；但毫無疑問，這本書《天地悠悠》，是最真摯、最權威與最富文學價值的了。

讀《天地悠悠》

馬星野

孟子謂華周杞梁之妻，善哭其夫。後人把這個事實，演為孟姜女送寒衣，把杞梁演成為萬喜良。〈寒衣曲〉遂成為中國家傳戶誦的民間文學。柳下惠之妻，為亡夫作誄，為我所知道的未亡人哀悼夫婿最典雅文字。李易安的〈金石錄序〉敘述趙明誠逝世經過種種，哀悽幽怨，數百年後如見其人，這些別鵠離鸞之辭，怨雨悲風之作，都是出之至情，所謂「感金石迴天地，昭白日垂青史」者。昨晚我讀了葉霞翟女士教授所著《天地悠悠》一書，亦有此感覺。

《天地悠悠》，是葉蘋（霞翟）教授敘述其與胡宗南將軍由戀愛結婚，共同奮鬥，以至宗南先生長逝近四十年間的真實故事。我於秋窗雨夜，一口氣讀畢。由葉女士於民國十九年在杭州看到胡先生一張照片開始，到葉女士在陽明山胡先生新墳上（民國五十一年）一人佇立「俯仰之間，但覺天地悠悠，滄海茫茫，三十年歲月，只是一夢！」為止，由國民革命軍北伐，對日抗戰，共匪叛亂，外島撤退，台灣復興基地之建設，其間多少離合悲歡，英雄兒女，戰爭與愛情，江山之感，故國之思，哀樂喜憂，均用樸素之筆真摯之情，敘述無隱。宗南先生伉儷之高風亮節，純潔愛情，前可比美古人，後可啟發來者，我讀《天地悠悠》，欲愴然而涕下。

我從未認識胡宗南先生。但民國四十一年我離開《中央日報》的時候，一天，袁守謙先生突然找我，說他的老同事胡宗南先生（當時是浙江省政府主席，守大陳）想請我到大陳幫忙。浙江是我的故鄉，大陳尤在我家平陽的鄰近（南麂北麂兩島即屬平陽縣轄）。宗南先生有此美意相邀，我自然有去幫忙之義務。可是當時總統已另有一些事要我做，而政府發表我為浙江省政府委員兼文教處長不久，也是當胡先生在大陳做得最起勁、最順利的時候，因為受到外交上的要求，而政府決定撤出大陳。那次我失去了幫胡宗南先生的機會，至今猶覺到中心耿耿。

可是在這以前六年，我卻曾一度見過胡夫人葉霞翟教授。民國三十六年的春天，上海《申報》社長潘公展先生突來一個電話，要我替他一位朋友作證婚人，婚禮是在南京秦淮河畔金陵春舉行。我冒冒失失地走入金陵春，滿座沒有一個相識的人。當時介紹人是金陵大學政治系一位女教授，明眸秀髮，瀟灑素雅，在千紅萬紫之中，她是一位特出的，相見之下，知道她是浙江松陽人（我是平陽），在金大教政治（我仍在政大教新聞），又是美國威斯康辛大學出身（我是米蘇里出身），因此，在全場不相識之中，只有與她有好多話可談。幾天以後，新婚夫婦送來結婚照片，當然有這位女教授倩影在內。誰知這張照片，對於我們《中央日報》，竟有很大用處。

不久以後，胡宗南將軍與金大女教授結婚的消息，終於傳出（守了幾個月的祕密），我便派《中央日報》女記者黃漢曄去跑這條大新聞。漢曄千方百計，冒充了金大的女學生，找上這位女教授家中。她不承認這消息。漢曄問她可否發表一個否認此謠言的消息，她也不肯，終於漢曄寫了一篇十分出色的〈胡夫人訪問記〉，因為找不到照片，葉教授當然也不肯給，我親自打電話問她要，沒有結果，只好將那天金陵春留下的倩影剪出，刊上了《中央日報》，第二天，這個《中央日報》獨家專有的訪問，不但哄動了京滬，而且驚動了西北。

這一本《天地悠悠》，不可僅僅當作文藝的佳作來讀，更要拿它作最近三十年國民革命史料來讀，在小窗燈火兒女柔情之中，包括著政治社會家庭倫理，正心修身齊家治國的大道理。這對於青年男女，實在是很好的倫理範本。我並不承認文藝作品，一定要為道德宣傳，但是這本書，並沒有裝腔作勢來解釋什麼「倫理」、「風化」，但事實上本書描寫出一個正確的倫常關係：個人與國家之間，黨員與領袖之間，夫與妻之間，父母與子女之間，信徒與神之間，應該保持著那樣關係。尤其是當一種關係之要求，與他種關係之要求，發生了矛盾與衝突之時，所謂魚與熊掌，二者不可得而兼之時，一個人應當犧牲了那一方面而成全著那一方面。這個選擇，便是人生最大的考驗。

胡宗南先生與葉霞翟女士，都受過良好的中國倫理教育，也有極充分的現代西方科學民主的知識，尤其是葉女士，她在光華大學四年間，她在威斯康辛大學三年間，她在金陵大學教書六年間，全是與西方政治學理接觸，他們兩個組成的家庭，實在是中西倫理融化而成的理想標準家庭。我們在這本書中，可以看到他們二人如何談戀愛，如何結婚，如何同甘苦共患難，如何敬上帝忠領袖，如何相互敬愛，相互安慰，如何教養子女，對待社會，總之本書指示今日的青年男女，如何正確處理你生命中出現的一切問題。

一代英雄兒女，千秋亮節高風，讀此書者，其能無感。

寫在《天地悠悠》出版前

穆中南（民國五十四年教師節）

胡宗南將軍是中華民國的名將，在抗戰時期他的貢獻最大，衛守大西北，使當時的共匪不敢妄動，政府各方面能以全力抵抗日本的侵略，而至勝利。同時，他更替政府訓練出大批的幹部人才，這些人現在都成為反共的中堅，領導或播種反攻復國的力量，從事扭轉我中華有史以來所未有的惡運。

我先寫下這一筆，在目前是眾所周知的，但我的用意是在將來。這是有歷史性的文學著作，是一個妻子寫她的丈夫，而這個丈夫是個頂天立地的男兒，是個萬古所難得的少數的楷範軍人之一。國運依靠這種軍人魂而延續，像我國的廉頗、岳飛等將軍早就去了，但他們仍然活在我們的心中；像麥克阿瑟將軍的老兵不死，像英國可以失去國土而不能失去莎士比亞，像法國可以失去萬金而不能失去拿破崙一樣。

今日，我們從事的反攻復國中興大業的神聖之職，更需要這類的軍人魂。

胡將軍生前，我未緣謀面（八二三炮戰時他衛守澎湖，文藝界過澎湖訪問我恰在病中，次年我到澎湖，他因公返台而由方先覺將軍接待），但是，我聽到我所知道的他的部屬對他的印象，除了愛護他之外幾乎找不出他的缺陷。像這樣近於聖字品的人物，必然有其非常的修養，這不僅作為一個軍人應當效法，即使一般人也應該了解。

關於胡將軍的功德，已經有很多的文獻，我想將來，他的部屬和朋友也會為他修年譜修傳記，但這些都是歷史上的資料。把他的人格用文學的筆法烘托出來，其影響其價值則當更為重要。

胡夫人葉蘋教授（即葉霞翟女士），是我國的名散文家，她擔當這個工作是最適切不過的。我知道這類文章最是難寫。如果渲染過重難免流入感情上的誇張；如果不用感情去寫則可流入空洞虛偽；如果觸動心靈則難免有兒女私情的感傷；如果用於和諧的筆法則失之莊重；如果過分嚴肅又失去文學上的幽默感。所以，我初訪葉蘋姊，得其首肯後，我說：

「請您用回憶錄的方式寫出來。用您作家的情感去處理各種事實的題材，把您和胡先生都作為第三者。遇到胡先生的幼年和有關軍機，則從側面去著筆，而您單從直感去描寫，定可存真。至於遇到有關的當代人物則盡量含蓄。」我最後說：「我相信您的情感已經澄清也平靜了下來，換句話說，往事已經抽出條理，而這些往事還有衝動的感受，正是寫回憶錄的好時期。」

葉蘋姊答應願意考慮，不久，她擬定七篇的主題，又經七個月把這本書寫成。

關於這本書的價值，已有張其昀先生和陳紀瀅先生的兩篇序中說得很清楚。近年出版書的風氣大盛，而序文也讀得不少，但比這兩篇序文更平實的還不多見。葉蘋姊令我也寫篇序，我不僅向來未替別人寫過序，即使我自己的書也未寫過序，葉蘋姊的這一手兒，恐怕是在七個月來被我「逼」稿的一種「回敬」，令我也知撰稿之苦。

由於職務關係，全書我起碼拜讀過四次，我深深地欽佩作者的筆觸、態度和修養，所以也不妨把我的感想寫了出來。

全書分為七章寫出，每章都可以獨立成為主體，有一個完整的故事，有一個中心的主題，代表著一個時代。〈一張照片〉是描寫一個少女對一個革命軍人的思慕，到相識、相戀而至定情。代表北伐而至抗戰前夕的時期。烘托出胡將軍的身世，從軍的生活，並且介紹出胡將軍的個性。〈萬卷詩書〉是這對未婚夫妻，因國難當頭而不能結合，故事的中心是寫作者自上海到成都以及去美求學的經過，反映出抗戰時期的青年愛國熱情，也表現出胡將軍衛國威鎮西北的事蹟。〈黎明前後〉是寫作者學成歸國執教的經過，反映抗戰末期及勝利時的一般生活，以及苦戀十年而終於有情人成眷屬的奮鬥結果，烘托出胡將軍先國事而後私情的偉大精神。〈甘苦之間〉是寫作者婚後的生活，反映出共匪乘我長期抗戰國力未復而作亂的種種，物價飛漲，匪諜挑撥青年鬧學潮，及撤離大陸時的痛心情形，乍來台時的生活狀況。在這章裡敘述胡將軍自西安到漢中，到重慶，到成都，到西昌，節節受匪軍和叛軍的壓迫及撤離大陸的心情，至為詳盡。為全書唯一正面接觸軍事方面的記載。而在這章裡雖然僅三、四年的經過，其變化也是最大的。〈再接再厲〉，是寫到台灣之後，胡將軍開拓大陳和駐守澎湖。〈求學問道〉是寫胡將軍受訓時期，這段時間胡將軍才與家人過著溫馨的生活，但在一個慣於疆場的戰士，心情不無沉悶。〈天地悠悠〉是寫胡將軍生病而至故去的經過，描寫出了一個軍人的性格。

從一個愛人的眼裡，可以看出一個軍人的天職，尤其對於保密工作的慎重。從一個愛人的眼裡，看出胡將軍的樸質作風，由一盆花，一隻手表，都代表著一個人的情感之根深柢固。

從定情後經過八年抗戰到攻陷延安始行結婚，看出一個革命軍人以國為重不及於私情的偉大精神。

從一個獨當一方面的軍政首長的夫人生活中，看出胡將軍的廉潔操守。

從胡將軍落馬受傷而仍不眠不休指揮作戰慰問傷患，看出一個革命軍人忘我為公的責任心。

在得意不驕傲，在失意時無怨言，在受謗時不置辯，這純粹得到了我國傳統文化的真心得。唯有忠貞不二之士才能在任何情況之下處之坦然。

即使在病中，拒絕浪費，拒絕享受，這種擇善固執的作風，才是社會的砥柱，才是國家的棟樑。

堅忍、進取、負責、忠貞、公正等美德，胡將軍是做到了，而在他夫人的筆下也流露了出來。胡將軍之死雖然沒選擇在轟轟烈烈的戰場上，但他作為一個革命軍人的精神，由於他的夫人這本書而可流芳萬古。

我敢說，一個妻子寫她的丈夫，無論中外，這本書是相當成功的。作者的文字溫婉樸質平實而引人入勝是不必談了。在態度上不誇張、無華飾的烘托出一個丈夫的偉大人格，用最真摯的感情描寫一個將軍的為國事奔忙，有兒女私情而無怨懟等等。我曾幾次為這崇高的情操引下淚來。同時，我也很榮幸的為讀者介紹這本有價值的作品。

最後，對於本書的書名，葉蘋姊曾授權我幫她思考，因為這是部文學的著作，還是用抽象性的書名為佳，等到她最後一篇題為〈天地悠悠〉，我心中就有數了，等我徵求幾位文友的意見，也提出同樣的感想，於是我再徵詢葉蘋姊的想法，可巧的我們意見是不謀而合，這可說是一個奇蹟。

要作大丈夫

先父胡宗南將軍逝世三十周年紀念

胡為真 恭撰於台北

民國八十一年二月原載《遠見》雜誌

將近半個世紀前的抗戰期間，先父宗南將軍以戰區司令長官之身分坐鎮西安。政府給他的任務是東抗日本，西防蘇俄，北拒中共，內安甘、寧、新疆；招收人才，教育幹部，再將整編好的部隊，支援全國各戰場。那時，陝西一位大儒特以對聯一幅相贈，曰：「大將威如山鎮重，先生道與日光明。」父親看後說：「大將何足道哉！道與日光明才是重要的。」

我自幼見到父親的機會並不多。我出生較晚，在台灣成長；印象最深的，總是他回到家中時所自然流露的威嚴。

有一晚，父親把我叫住，問我將來要做什麼？十歲的我，不假思索，說道：「我要像您一樣，作個軍人。」沒想到父親並沒有顯出同意的表情，卻以和藹而堅定的口吻說：「你要作大丈夫。」「什麼是大丈夫？」我問。父親說：「真正對人們有貢獻的人就是大丈夫，譬如大科學家、大工程師、大醫生。」原來父親的期望已超過軍事的層面，他自己戎馬倥傯，勞瘁一生，念茲在茲的，卻是整個國家的建設。

與士兵同甘苦

父親生活上的簡樸廉潔是出名的。數十年軍旅生活，住宿常在寺廟、祠堂裡，不勞民力，不借民房，即使任司令長官時也是如此。連總統蔣公的侍衛人員赴西安，看到他的生活行止都深表詫異。

我幼年時家中沒有冰箱，而台灣暑間酷熱，年年也就這樣過了。後來羅列將軍送來一台舊冰箱，父親頗不以為然，迭經部屬苦勸，才沒有退回。

他的想法是生活與士兵同甘苦，官兵過什麼日子，他的家也該如此。他一向為部屬、為傷患殘疾者爭取福利，購置產業，卻從未想到自己，因此母親自然較操勞辛苦。

記得我十三歲時，有一天汗衫破了被他看到，不但未責備，反而哈哈大笑，作一首打油詩給我：「行年一十三，常穿破布衫；縫補又縫補，難看真難看！」回想起來，他對這事的反應就是對我價值觀的教育。

父母在民國二十六年即已訂婚，只因抗戰爆發，父親以匈奴未滅，何以家為，請求母親將婚事延後；母親亦深明大義，乃先赴美留學，直到取得博士學位返國任教數年後，方始成婚。

這期間經過十年漫長的等候和考驗，在他們終於再相見時，父親曾作詩送給母親，其中有幾句是「……猶見天涯奇女子，相逢依舊未婚時……我亦思君情不勝，為君居處尚無家。」

父母婚後因戰亂不停，仍是聚少離多，直到民國四十年代末，父親自澎湖防衛司令任滿返台北，才得以有較多時間與母親及四個子女相聚。那幾年母親鼓勵他研習英文以及覽讀《聖經》；我記得每當台灣神學院的陳教授來查經時，父親一定認真發問，並且擇節背誦。

這時我們父子倆相聚時間較多，我對他的畏懼也逐漸變成孺慕之情。父親曾鼓勵我讀《東周列國志》、《三國演義》等，而且不時問我的讀後心得，以及學校各種課業的進展。但正當我感到與父親間心靈逐漸緊密契合時，民國五十一年二月十四日，十四歲的我卻驟然失去了這位生命的榜樣，精神上的支柱與朋友般的摯誼。

在其後的年歲裡，我飽嘗喪父之痛。我曾多次默默地肅立在父親遺像前深思，向他立志、向他保證……，而我也似乎常看到他眼中露出肯定的微笑。

令人常懷念

三十年來，我在國內外讀到有關父親的文章甚多，也從各方人士口中聽到許多關於他的事蹟。父親的功業自有史筆的評論，而最令我驚訝與感動的，是凡與父親接觸較久、認識較深的人，不論是師長、同學、朋友、部屬，都是那樣地尊敬他、推崇他、愛護他。

經國先生當年與父親交往甚多也甚深，後來在我出國留學前向他辭行，敬請訓誨時，他曾感慨的說：「你父親是我最好的朋友！」

何應欽上將在九十多歲訪問南非時，一再向當時正在南非服務的我認真地強調：「你父親是我最喜歡的學生。」黃埔一期的幾位老伯，最近還對我吐露，父親是他們心目中最尊敬的同學。

另外一位曾任父親長官的蔣鼎文伯父，在二十多年前某個春節來家裡向先母賀節時，巧遇我帶了當時還是女朋友的內子第一次回家介紹給先母。蔣老先生看到我的女友，深深注目，連連點頭，然後直趨客廳父親遺像前，幾乎聲淚俱下的大聲說道：「宗南！宗南！你可以放心了，胡家有後了！」害得女友滿臉通紅。

警界一位首長說，當年他在派出所任警員時檢查戶口，有一次到曾任父親參謀長的盛文將軍府中；一提到父親，盛將軍百感交集，竟然一面哭，一面喊著：「胡先生！胡先生！」這位首長說，從來沒有看到長官對部屬感召有如此強烈者。

不但如此，父親的故舊學生，每年到了父親忌日必定聚會，風雨無阻的登陽明山竹子湖墓園行禮紀念。一個人去世了三、五年，他的故舊去紀念固屬常情；但到了去世已三十個年頭，每年還能有數百人聚集致意，實在是稀少而可感的事。

皇軍最難纏的敵人

我常常想，雖然父親愛護朋友，獎掖人才，尤其喜歡培植青年，且在日記中也立志「要盡一切力量，為部屬、同學、學生謀出路」，然而並不是人人都能獲得升遷，都可如願以償，也並非人人都能發達，能遂其心意。但為什麼有這麼多人，經歷了這麼長久的時間之後，還這樣深切感念著他？又是什麼因素，什麼力量促使他們這樣長久的維繫在一起？

這可能不是一、兩句話說得完的。但起碼我因為看到及聽到許多有關父親的感人事蹟，所以相信父親所部必是上下一心的優秀部隊。

他們能夠在中共「長征」期間，翻山越嶺，窮追苦戰，度越松藩，深入甘肅，屢敗共軍。且能在抗戰期間以血肉之軀，抵抗日軍的戰機大砲，死守淞滬長達六周之久。當時排、連、團長大多壯烈犧牲，存者誓死不退，令國際間對我國刮目相看。其後部隊北調陝西，日軍進犯河洛多次均不得逞，當時日本評論家稱父親的部隊「是皇軍最難纏鬥的敵人」。

民國三十六年，父親所部在短短的五日之內，迅速進擊，攻克共軍盤據了十餘年、工事最為堅固的首府延安，使得中共因喪失首都，雖在大陸上逐漸擴大占領區，其政權卻不為國際所承認。然而在這之後我方國防部受共諜謀略影響，總在軍隊調動上不予父親有集中兵力、圍殲共軍的機會，反而經常發出讓我軍被共軍包圍的命令，以致陝北作戰雖有若干勝利，仍然功敗垂成。

其後全國局勢逆轉，父親直屬部隊多已被分散調往東北、華北、新疆，甘肅各路支援。剩餘的幾個軍於三十八年底為了維護領袖和已遷往四川的中央政府，明知前往搶救城池會落入敵人包圍，仍然遵命自漢中跋涉至千餘里外的重慶與成都；卻因友軍棄守或降敵得太快，主力未開到，就被迫逐次投入戰場。結果雖因奮戰而爭取到時間，使領袖和中央政府得以順利轉進來台，所部精銳卻在大量共軍與四川叛軍圍擊中，遭到慘重損失。

父親續飛西昌重整旗鼓，召訓散兵新兵，迅速擴充至萬人。中共以芒刺在背，乃於準備數月後，調集十倍以上的兵力，七路圍攻，擊破了此一國軍在大陸最後據點。父親則在蔣公的命令與部屬的苦勸下，為爾後號召流散之幹部、學生而赴台。

四川及西康之役，實為掩護政府在台灣站穩腳步之重要戰略作為，使得中華民國的法統得以在台灣延續，然而將士犧牲之慘烈，每當我讀到此段悲壯的戰史，莫不為之掩卷長嘆。父親自己則是把他椎心的苦痛深埋心底，從頭幹起，致力明恥教戰；日記中充滿著絕不灰心氣餒的積極精神，對於外界不明真相的謗語，更是從無一語自解，甚至不允悲憤不平的部屬們出面澄清。

先生道與日光明

我任職於駐芝加哥辦事處時，常有機會遇見大陸學人；當他們由別人那裡知曉父親的名字時，對我都非常感到興趣。由於他們大多對自幼所聽聞的近代故事產生質疑，所以常常問及我過去所知悉的國共歷史。一日，我反問一位年輕的大陸學生，「你何以這麼年輕就知道胡某某？」他答道：「我們每一個人都知道。因為從小看的小人書，都說是打胡宗南。」啊！父親！如此，我更明瞭您當年為了多難的國家，付出了您的一切。

父親在台灣心心念念著反攻大陸，故始終不願出任重職，反而請纓到大陳去，將那至苦的不毛之地，建成突擊大陸的基地。後來在澎湖，除了著重軍事建設之外，還大規模的協助地方建設，增進居民福利（包括籌建跨海大橋）。他愛才、愛民的天性，贏得了當地父老的尊敬和讚賞。前年澎湖縣縣長王乾同訪問芝加哥時，我自我介紹，他大表高興；返國後立即寄來林投公園中父親銅像的照片，代表當地同胞的深切懷念。

近年來，國際局勢丕變於瞬息之間；今天，中共的許多變化也不可避免的在進行。在父親逝世三十年後的今日，國際上既有如此發展，而父親奉獻一生心血的中華民國，又在寶島成長茁壯，父親的朋友、學生及仰慕他的廣大人群正繼續著他的精神，為熱愛的國族獻身，正是「先生道與日光明」。

我相信，父親在天之靈一定可以含笑了。

三分之一

先父胡宗南先生逝世四十周年感言

胡為真 恭撰於德國柏林

民國九十一年二月原載《王曲通訊》第三十七期

十年前，父親逝世三十周年前夕，台北《遠見》雜誌邀請撰文紀念，我寫了一文，回憶幼時與父親相處的往事，並略述父親生平。《遠見》雜誌的編輯乃將父親當年勉勵我「要作大丈夫」一句話作為標題，登載全文，此文嗣經「王曲文獻」收錄在《胡宗南上將專集》中。

十年過去了，這十年間我對父親又有了一些新的認識。印象最深刻的是六、七年前的一個暑期。我為了讓子女們更了解他們從未有機會見面的祖父，特別帶家人去澎湖，在當時的司令官范中將安排下，前往林投公園，瞻仰父親的雕像，並赴父親於民國四十四至四十八年任澎防部司令官時所住的房舍參觀。

澎防部有位專為歷任司令官服務，已經退休的老士官長劉先生（人稱老劉）出來熱烈表示歡迎，找出了當年父親的老補給證，並以極尊敬的語調回憶了父親任司令官時種種的作風和行誼。他說：「你父親生活十分簡單，甚至可以說是清苦，可是每個月關餉時，卻都要我把他的薪餉分成三份，各三分之一。一份留在長官部，以供這裡許多的開銷；一份寄回台北給你母親供家用；另一份送給長官部兩位部屬，某先生及某先生，因為他兩位都有八、九個小孩，食指浩繁，而軍人收入微薄……」我聽後頗為吃驚，半信半疑。返回台北後，在老劉的協助下，找到了人在南部，早已退休的當事人某老先生，老先生一聽說我是胡某某的兒子，當場就在電話那頭哭了，我才知道確有此事，也使我再進一步認識了我的父親。

我不禁回想到，怪不得當年我們家好像永遠用度不夠，母親葉霞翟教授經常要為家中的開門七件事發愁。我們四個兄弟姊妹那時都還幼小，父親不希望母親出外兼職，但為供給子女足夠的營養及家庭開銷，母親乃開始寫散文以賺稿費來貼補家用。記得她第一次投稿到「中央副刊」時，竟被退稿。母親是抗戰時期留美博士，曾任金陵大學教授，又是上將夫人，那堪這種挫折，收到退稿時當場就流下淚來。但為了家庭，又不得不再接再厲，等到她投第三次稿後，終於被刊登出來。稿費寄到時，母親歡欣的笑容，以及我們作子女的立即享受到的加菜，如同就在眼前。母親從此也逐漸成為國內知名的作家。

啊，一直要等到三十幾年後的今日，我才知道父親為了照顧他的部屬及辦公室的開支，竟然只寄出三分之一的薪俸給母親持家，其結果是犧牲了他自己的妻子及兒女的生活，使我們在清苦中成長，但也因此讓我們雖然具有崇高的社會地位，卻是過著一般人的生活。原來這就是我的父親：他愛他的朋友、同仁、學生，超過了愛他自己和他的家人。當然，這也就是為什麼他逝世已經四十年了，他的朋友、同仁、學生還這樣深深的愛著他。大家仍然堅持每年一定要紀念他、回憶他，為他笑、為他哭。

前年我應邀赴美國哈佛大學擔任訪問學者期間，曾任美國聯邦參議員的老友寇茲特地從華府飛到波士頓來探望，並介紹曾為美軍將領的企業家易君等人與我餐敘。席間大家談及「無私」美德的重要，我當即講述了父親這一段往事，他們至為感動。當易君再度與我會晤時，第一句話即說：「三分之一！我永遠不會忘記你父親的『三分之一』！」

我的父親雖然僅僅六十多歲就離開了他熱愛的國家和親友，但卻好像永遠活在人們心中。父親的事例鮮明的顯示出，人世間最偉大的力量便是愛，也唯有愛的力量最為持久，愛是永不止息。

醉美三峽

思念母親

胡為美

船過西陵峽，江水茫茫，山霧冉冉，船笛划空，蒼山無語。我舒適地靠坐在船艙單間的小床上，隔窗眺景，被眼前船過水無痕的靜美江景吸引住了，目不轉睛地深深吸氣，感嘆造物主的神奇無窮盡。我盡量屏住聲息，怕攪亂了這一片寂靜中的至美靈秀。下午時分，沒有喝酒，我竟然感覺到自己醉了，醉沉在這三峽的淒美懷抱裡。

從小就對美的事物特別敏感而且嚮往，隨著時光推移，也逐漸建立起自己對美的主觀認知與客觀界定差異不大的自信。從穿衣打扮到人際交往，從品味，品人，到品個性，品自然，不知不覺中，自己對美的品味與客觀對美的界定合二為一，差別只在感受深廣的力度上。三峽的美，我感受到了，而且是深深的震撼著我。何至於此啊：我是如何地不能不感謝我的母親啊！

母親是我所知道最懂得營造自己心靈的女子，她有信仰，是虔誠的基督教徒。她常讀書，書房裡四壁都是書。她喜愛寫作，常利用辦公前後的餘暇，伏案筆耕，一篇篇清麗的散文變成鉛字印刷在報章雜誌上，最先感動到的經常是我。她的忠實小讀者。透過母親的文字，我了解到在她莊嚴自持的風度裡，隱藏著一顆柔和謙卑，對美極度敏感的心靈。還記得當母親在台北師專校長任內（現台北國立教育大學），我們住在師專宿舍裡，她有一篇散文：〈仲夏的早晨〉是這樣描述著：

院子裡竟是那麼的涼爽，空氣中散著淡淡的花香……還有草坪那邊的兩株石榴……不久前我還採了幾株火樣紅的榴花，插在床頭櫃上那個竹花籃裡的……太美了，實在太美了，我的心真像樹上那些小麻雀似的在跳躍著，多美麗的小院，多美麗的早晨。

這時我又發現院右的那片草坪也綠得格外可愛，真像是綠色天鵝絨的毯子。心裡忽然有一種激動想赤足上去走走。就脫掉鞋子踩了上去。當一腳踏進去時一股涼意，從腳底直透全身。原來草地是溼的。這才想到，清晨的草地是充滿露水的，那清涼柔軟的感覺，使得我身心輕快，就不自覺地繞著草坪中間那株百年大樹漫步起來了。

如果時光可以倒流的話，這時的我，大約只有十六歲呢！

台北師專是日據時代僅有的兩所高等學府，日本人很尊重老師，所以校長宿舍都是獨棟有庭院的房子。我記得我們是一九六八年搬進去住的，一直住到我赴美讀研究所之後，母親退休為止。而母親發表此文的時候我正是十六歲讀高中的年紀呢。

這是母親五十五歲時發表的文章。她那時的心境，對於現在的我，面對江水悠悠，醉美三峽的感受，是多麼的相似，多麼的貼近啊！

大江東去浪淘盡，長江後浪推前浪，青山依舊在，幾度夕陽紅。誰說前不見古人，後不見來者，蘇軾與瓊瑤，母親與我，不同的時代，面對稍縱即逝，千變萬化的美，我們卻都有著刻骨銘心的體會啊！

母親十六歲時，離開家鄉浙江松陽到杭州讀書。她愛看小說的習慣，就是那時候培養成型的。從她為追念父親而寫，在一九六五年出版的傳記小說《天地悠悠》裡，開宗明義第一章，她就藉著回答同學小江大哥的友人，時任杭州《國民日報》胡總編輯的問話中，和盤托出了當時十六歲的她，不但反覆閱讀許多俄國小說如《罪與罰》《安娜・克裡寧娜》等等，而且每個星期都要再看兩，三部小說，最後更經常在周末從筧橋進城，去胡總編輯家挑書借書，間接交代了她文藝青年的個性與成長軌跡。

母親對基督信仰的認識與追求，我相信是從她留美讀書時開始，她是三十九歲受洗，成為基督教徒。我們從小就在她的帶領下，去教會做禮拜，背《聖經》金句，參加聖誕聚會。接受牧師教誨，日子過得規律而單純，可以說是以母親的信仰為中心，平日時間的言談舉止，人際交往，盡量合乎《聖經》的教導與訓示。說也奇怪，幼小的我們，對《聖經》的道理，雖然都是似懂非懂，但是卻都喜歡教堂裡莊嚴肅穆的氣氛與唱詩班優美的琴韻歌聲。呼吸在主日崇拜裡詩班獻詩，牧師證道的虔敬空氣中，仰望十字架上耶穌的身影，剎那之間四周沒有雜音，連一絲絲都沒有。我們感受到聖靈的偉大與團契。幼小的心靈被洗滌一新，安靜柔軟。

母親最常唱的聖詩中，我印象最深，至今仍能哼出旋律並且記住大部分歌詞的是恩友歌。

歌詞大致如下：

耶穌是我親愛朋友，負我罪孽擔我憂……親或離我友或棄我，多少痛苦冤枉受。都是因為未將萬事，來到耶穌座前求。

母親那一代的人，飽受戰亂流離的苦難，恩友歌裡的歌詞，最能夠安慰她們的心。神奇的是，生長在承平時代裡的我竟然從小也愛哼唱這首聖詩。

能夠打動人心的聖詩很多，《主是我永遠的福分》《一件禮物》《安穩隱藏》都是在我不同年紀的成長歲月裡感動到我的詩歌。而我深信，母親在天之靈，也會與我一同欣賞這幾首詩歌的。

這幾首詩歌的歌詞如下：

有一件禮物，你收到沒有？眼睛看不到，你心會知道。這一件禮物，心門外等候，是為了你準備，別人不能收。親愛的朋友，你是否了解，馬槽的嬰孩，是為你而來，親愛的朋友，你是否了解，最好的禮物，是人子主耶穌。生命有限，時光也會走，如果你不珍惜，機會難留。禮物雖然好，如果你不要，你怎麼能夠得到？你怎麼得到？

主是我永遠的福分，勝過朋友與生命。在人生孤單旅程中，懇求主與我同行。靠近主，靠近主……。安穩隱藏，在祂大能翅膀下。狂風暴雨攻逼，我也不怕。魔鬼雖用計，要奪去我靈魂，但我藏在主裡，牠無隙可進。

啊！母親，母親，面對著如此秀美的湖光山色，此時此刻，我怎能不思念你，我怎能不感謝你，因為你，才有我，因為你以身作則，從小教導我，才有今天的我，與文友們同遊三峽，對酒當歌。笑傲江湖。醉美三峽，母親，我感謝你。

國家圖書館出版品預行編目資料

天地悠悠／葉霞翟著. --三版 . --臺北市：幼獅, 2013.09
面； 公分. --（生活閱讀）
ISBN 978-957-574-922-4（平裝）
1.胡宗南 2.臺灣傳記
783.3886 102014898

・生活閱讀・
天地悠悠

作　　者＝葉霞翟
出 版 者＝幼獅文化事業股份有限公司
發 行 人＝李鍾桂
總 經 理＝王華金
總 編 輯＝劉淑華
副總編輯＝林碧琪
主　　編＝林泊瑜
責任編輯＝周雅娣
美術編輯＝吳巧韻
總 公 司＝10045 臺北市重慶南路 1 段 66-1 號 3 樓
電　　話＝(02)2311-2832
傳　　真＝(02)2311-5368
郵政劃撥＝00033368

印　刷＝祥新印刷股份有限公司
定　價＝250 元
港　幣＝83 元
三　版＝2013.09　　三刷＝2017.04
書　號＝986257

幼獅樂讀網
http://www.youth.com.tw
e-mail:customer@youth.com.tw
幼獅購物網
http://shopping.youth.com.tw

行政院新聞局核准登記證局版臺業字第 0143 號